我和家人之間的距離

越親近的人，越需要對話。

不是說你愛我嗎？
連這種程度都沒辦法為我做？
家人就應該這麼做不是嗎？
但是，即使是家人、伴侶，即使擁有愛
也不能強迫對方做出單方面的犧牲呀。

我和戀人之間的距離

無論愛會如何傷人，
人們仍然不斷地去追尋愛情，
因為世界上最幸福的事，
莫過於彼此相愛……

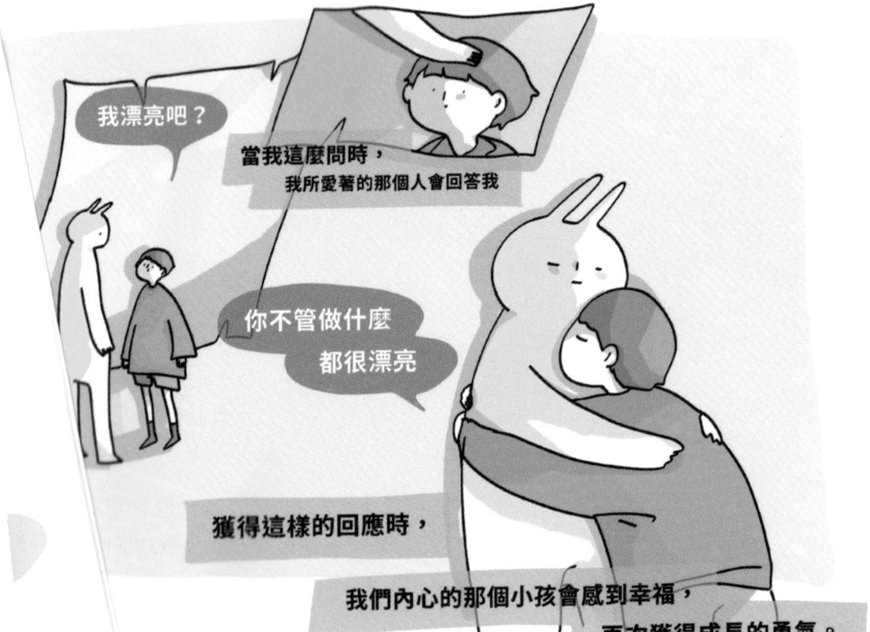
我漂亮吧？
當我這麼問時，
我所愛著的那個人會回答我
你不管做什麼
都很漂亮
獲得這樣的回應時，
我們內心的那個小孩會感到幸福，
再次獲得成長的勇氣。

我和朋友之間的距離

保持友誼
需要付出很多努力。

你有多少朋友？
我們真的是很要好的朋友嗎？
如果我想要交到好朋友的話，
該怎麼辦呢？

想要結交好朋友嗎？那麼請先讓自己成為好的朋友。

我和同事之間的距離

記得，我們不要為了滿足別人而活。

在這個世界上，沒有人能夠被所有人喜愛
無論我長得多麼好看、多麼會做事，
都會有人討厭我，這就是人生。
我們不要為了滿足別人而活。
與其把時間花在不被人討厭，
不如花在自己喜歡的人身上
這才是真正有價值的事情。

如果人生要彼此依靠活下去，
讓我們學習成為別人的支柱，也學會依靠他人，而不再孤單。

精神科醫生**金惠男**——著
何汲——譯
有隻兔子——繪圖

你和我之間

找到遠不孤單，近不受傷，剛剛好的距離

為你解開人際關係中的真實困境

【推薦序】

用「你我之間」取代「人際關係」

諮商心理師　楊嘉玲

收到金醫師的書稿時，我正準備啟程進行一場小旅行，離開喧鬧的台北，找個安靜的小鎮，靜一靜。那時的我，剛忙完新書的宣傳，我的書恰巧和金醫師想探討的主題相同，都是討論人際關係。然而，在密集行銷活動，回應完讀者、網友、廣播主持人的各式提問後，我有些倦了，為何每次談到人際問題，人們心中的想像，要不就是「怎麼讓對方變得聽話？」要不就是「自己怎麼可以不被影響？」

這裡頭隱含著一種「全有全無」的概念，好像人際關係是一場拔河，如果你的觀點不能說服我，我就要想辦法讓你認同我，假使你不肯移動，那我也不想再跟你有牽連。這樣我就沒有輸了，也不用改變了。

換句話說，很多人的人際關係之所以困難，是因為太想證明自己是對的。

可無論我怎麼解釋，說破了嘴，也難以撼搖人們的這種執念。直到我收到你手上的這本書《你和我之間》，一看到書名，我就知道解方了。

我非常喜歡這本書的中文書名，因為它將「人際關係」四個冰冷、專業的文字，轉換成有溫度，看得到差異的另一個同義詞叫「你我之間」。

當我們使用「人際關係」時，很容易用一種抽象、模糊的意念在描述自己的處境，於是一不小心，就會把問題想得很大、很難。

可是換成是「你我之間」，我們就有了思考的焦距。假如在關係中，你只在乎自己，你就看不到另一個人；可是如果你太在乎對方，就會忘記照顧自己，這兩者都構成不了「之間」。

唯有你把自己和對方都考量進來，你們才叫做關係，而平衡點並不在對方或自己身上，而是你們有交集的中間，於是關係就會有鬆動的可能，移動和改變也就不會那麼困難。

這就是心理學經常會用的技巧，透過重新定義，轉換人們觀看問題的角度。因此，「親子教養」如果可以用「你和孩子之間」取代；「婚姻問題」變成是「你和所愛的人之間」；「職場霸凌」轉變為「你和工作夥伴之間」，我想很多尖銳的話語與攻擊，就不容易跑出來。

因為當你能如實地看到自己和對方完整的樣貌，你就不會忘記對方也是一個活生生的人，而忽視了差異的存在。唯有你打自心裡接受彼此是個獨立的個體，你才不會拚命地想把對方拉過來到自己這邊，變成你喜歡的樣子。

同時，把焦點放在「之間」，所進行的「換位思考」，也才不是一種一廂情願，用「我是為你好」，把對方推得更遠。

我很喜歡金醫師書中提到的許多觀念，像是不要試圖把對方塑造成你想要的樣子，而是改變你看待對方的眼光。在這趟小旅行中，我抽空拜訪了一位好友，他在事業如日中天時，舉家搬到東海岸，我問他：「為何割捨得了城市的精采，來到偏遠寧靜的村落？」

他告訴我：「因為堅持得少，就能活得好。城市的便捷與熱鬧，能夠很快消除人們的焦慮，卻無法帶來快樂。要能活得開心，你必須學會把眼光放到美好和值得感恩的事物上。在城市裡，我每天生活的滋味差不多，因為我踏不到土地。但在這裡，你看到草在長、雞下蛋，感受到自己真實的存在，面對那個真正的自己，而不是逃避在一個又一個活動中。」

多麼巧的共時性，我在金醫師的書中也看到同樣的觀念，我們想要與人連結，其實有很大一部分是害怕孤單，但擁有了關係，只代表你有人陪，不代表你會變得更幸福快樂，除非你學會調整自己的眼光，停留在對方美好的特質上，否則你也只會流浪在一段又一段的緣分裡。

旅行的這幾天，我將金醫師的書放在包包裡，像是隨身電源般，覺得乏了、睏了，就拿出來翻幾頁，讓文字滋養、充實我的內心後，再繼續上路。很高興你即將也能在書店中購買到這本人際充電寶，願這本好書可以陪你探索關係這條路，走得更穩、更平衡。

關於楊嘉玲：

擅長透過文字，爬梳人心中複雜的情感；同時，不忘具體的行動與策略，帶領個案走出生命的困境與僵局。專長：自我成長、溝通表達、親密關係、心理界限、生涯規劃等議題。

著作：《我決定，生活裡只留下對的人》（采實文化）、《早點這樣想，該多好》（大田出版）、《心理界限》（采實文化）、《身體語言，懂這些就夠了》、《為什麼我們的關係總是卡卡的》、《別人的情緒，你讀懂了嗎？》、《衝突對話，你準備好了嗎？》（大雁文化）……等。

Prologue

希望你不要重蹈我曾犯過的錯誤

在人際關係中經常會出現一種奇怪的現象，那就是人們對陌生人往往比對親人更友善。舉例來說，一位跟爸爸交談了老半天，卻仍然無法跨越內心鴻溝的女兒，看到迷路的旅人時，反而會很親切地去為他指路；總是感歎著好久沒跟死黨聯絡的朴副理，卻每週都跟公司同事一起喝酒續攤個兩三次；而一向隨和爽朗，被稱為「微笑先生」（Smileman）的崔課長，往往回到家後，就擺出一副撲克臉，變得沉默寡言。

當人們遇到陌生人時，總是會釋出善意，並且樂於傾聽他們所說的話，但是對於身邊的人卻不會這麼做，反而希望那些關係親密的人先主動來到自己身邊，關心自己「會不會累呀？」期待著即使自己不說出口，對方也會理解我，並且期望對方接受自己的原貌。然而，其實對方也一樣活得很疲累。於是，人們宛如生活在各自的孤島上，並且埋怨和憎恨那些讓自己倍感孤單的人。我們在街上所看到那些友善的人，可能是一個抱怨丈夫的妻子、一個對父親不理不睬的兒子、一個與戀人大吵一架而滿心傷痕的人，也可能是一個已經大半年不曾與朋友聯繫的無心人。

為什麼我們對陌生人如此和藹可親，與親近的人卻無法好好相處？為什麼我們都宛如活在各自的孤島上？是什麼原因讓你我之間如此受傷呢？

在我六十多年的人生歲月中，也曾遇過不計其數的人。仔細想想，出生的時候，我其實什麼也不是。但是，我在父母的疼愛之下長大，在結交朋友之後成長，在踏入社會生活之後，從無數人的身上學習到處世之道，因而造就了今日的我。偶爾在這段過程中受到傷害，也傷過人；有時感到委屈，有時討厭過某個人；有時會發脾氣，有時難過得痛哭流涕；有時心裡受傷到什麼事也做不了。

然而，直到我四十歲為止，都很自豪能夠完成這整個過程，並且認為是因為自己做得很好，所以才成就了現在的我。我覺得即便這個虛偽的世界上沒有人幫忙我，我也可以獨自站起來。我認為只有別人需要我，而我壓根兒就不需要別人伸出援手。我也誤以為世界如果沒有我將無法運轉，我相信沒有我的家裡、醫院和患者們，都無法好好地活下去。

當然，我也很感謝周圍的親朋好友們陪伴在我身邊。不過，那只是短暫閃過的念頭，每天為了生活而忙碌的我，未曾好好地對他們致上謝意。更正確地來說，只有在緊急的時刻，我才覺得感謝，對於他們平日的陪伴，我總是視為理所當然。有一回，女兒對我說：「媽，妳不要只是傾聽病患的心聲，也聽聽我想說的話，不行嗎？」我則用厭煩的口吻回答她說：「我現在很忙，妳不能下次再說嗎？」不僅如此，我也曾經憎恨我先生不知不覺地將家務和育兒的事都推給我；埋怨我的婆婆無視於我忙於工作和家務，卻責怪我沒有好好照顧他兒子；討厭那些明知道我已經忙得不可開交，卻只會在自己需要協助時來找我幫忙的人。那時，我認為所有的人際關係，都只是令人感到厭煩而疲累的事。

然而，在二〇〇一年時，我的身體變得越來越僵硬，並且被診斷為患有帕金森氏症；後來，在二〇一四年時，隨著病情日益惡化而不得不關掉醫院後，來拜訪或是與我聯絡的人開始減少。起初我因為身體太過疼痛，甚至沒有意識到這一點。但是隨著疼痛減輕，我回過神來才發現，原本那麼多的好朋友們竟都不知去向，周遭是如此悄無一人。此外，世界上即便沒有我，也依然順利運轉。此時，我才重新看到了那些總是守候著我的人。我事後才明白，那些能夠握住雙手，感受彼此體溫地打打招呼，凝視著對方問候彼此近來可好，天南地北地聊著天，了解彼此想法的時刻，是多麼值得珍惜。

然後，對於那些過去我總是以漫不經心或流於形式的態度來對待的人們，充滿了抱歉。雖然其中有些人只是擦肩而過的緣分，不過也有些應該好好把握的因緣，然而我卻以忙碌為由，錯過了它。

三十多年來，身為一個精神分析的專科醫師，我曾經面對過數千名的患者。他們都因為心靈上的痛苦而來找我，令我驚訝的是，讓他們最感痛苦的人，往往是最親密的人。雖然他們想要以自己真實的原貌被愛，但是親人們卻聽不見他們的渴求。因此，對於深受創傷的他們來說，最困難的事情就是與人親近。因為他們擔心對方若是發現自己沒出息和自卑的模樣，或許會不喜歡或者離開自己。

由於過去的傷口太過於痛徹心扉，他們於是選擇適當地掩飾自己，以免再度受到傷害。因此，雖然渴望被愛，但是當別人靠近時，卻又害怕得逃開，而且一再反覆這樣的情節。不然就是認為只有當自己表現得非常傑出時，才有資格被愛，因而竭盡全力想要做到完美，結果在某一瞬間就累壞了自己。對於這些認為再怎麼努力也沒用的人來說，找上他們的就只有深深的憂鬱而已。他們覺得日復一日地活著毫無意義，只是讓人倍感艱辛，最後終於在我面前放聲大哭起來。

不幸的是，害怕受到傷害終究無法讓他們就此逃離傷口。若是想要與某人親近，其實必須保持自己想對別人隱瞞的那種沒出息和軟弱的模樣，即使被他看見也無妨的距離。換句話說，唯有你覺悟到可能受到傷害，才有可能得到你渴求的愛。但是，即便你做好可能受傷的心理準備，當真正面對傷害時，卻比想像中更加困難，因為如果對方不願傾聽你想說什麼，你就會感到很難過，如果對方堅持去做你叫他不要做的事，你就會很生氣。當你以為永遠會挺你的人，卻只是固執己見時，往往會覺得對方好陌生，離自己好遙遠，這其實是人之常情。

原本世事無法隨心所欲，就已經讓人感到生氣，如果連親密的伴侶都與我不同調，實在不得不讓人感到沮喪。結果只好試著安慰自己，反正人生是獨自來去，不過卻忍不住怒氣而大發雷霆。然後，對於不了解自己的對方，就不得不感到厭煩而心生埋怨。尤其是如果可以避而不見也就罷了，偏偏彼此又是即便討厭也要天天見面的關係，一旦兩人之間發生問題，對於其他人際關係也會產生不良影響。因為這種看不到改善徵兆的關係，若是日復一日地持續下去，真的宛如置身地獄一般。若是想要擺脫地獄般的關係，該如何是好？難道除了斷絕這種關係之外，別無他法嗎？

令人尷尬的是，我也曾經認為最好的方法就是切斷這種關係。不，是我曾經想要逃離這種地獄般的關係。不過，後來我選擇改變自己的觀點，而不是逃避。我試著問自己是否對對方有太多的期待，或者我不得不放棄或丟掉什麼。在這段過程中，我意識到自己為了做好工作和處理好社交生活，努力地與別人相處融洽，卻疏忽了去維持真正應該珍惜的關係。我努力去討好無關緊要的人，但是卻沒有同等對待我生命中最重要的人。

因此，本書對於那些想要跟所有人相處融洽的人，並不會有什麼幫助。現在我並不想再把時間和精力花在那些對我的人生無關緊要的人身上，這是因為我光是專注於將時間花在與我所愛的人建立更深厚的關係，都已經不夠用了。

不過，有趣的是，當我試圖與所愛的人恢復關係，並使雙方的關係更加深厚的時候，與他人的關係反而也變得更加舒適。以前，我總覺得跟人們碰面是很疲累的事，現在看到每個來找我的人，都覺得很感謝，也很開心，因而很享受與人見面這件事。

去年我曾經和高中同學一起去了一趟濟州島。雖然行前有吃過藥，但是旅程之中，我突然變得全身僵硬，所以連準備食物都幫不上忙，也不能洗碗，無法拿湯匙，所以不得不接受朋友的餵食。當時我覺得自己好像成了廢物一般，非常討厭自己。但是，有位朋友注意到我沮喪的表情，並對我說：「惠男呀！妳只要這樣待著就很棒了。」面對這些接納一無是處的我的朋友們，我不禁痛哭失聲。一直以來，獨自面對遭受身心痛楚而壓抑的情緒，突然爆發出來。哭了好一會兒後，我覺得心裡舒坦多了。雖然身體的狀況並沒有任何改善，但是我的心情真的放鬆了，似乎也獲得足以忍受任何痛苦的勇氣。擁有這些好朋友在我身邊，我有什麼做不到的呢？

我希望你身邊也有這樣給你力量的人。不，我希望至少你不要重蹈我在四十多歲時，曾經犯過的錯誤。最後，如果人生終究要彼此依靠而活下去，希望你學習成為別人的支柱，也學會依靠他人，而不再感到孤單。

二〇一八年一月金惠男

目錄

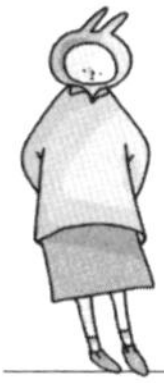

對我而言最重要的不是你，而是我自己

我和家人、戀人之間所需的距離：0～46 cm

我和朋友之間所需的距離：46 cm～1.2 m

我和公司同事之間所需的距離：1.2m～3.6m

在精神分析中學到的人際關係的智慧

chapter 1

人與人之間需要距離的理由

安於獨處者的心理

她決定不再受傷害，並且鎖上了心門。她覺得「所有人都大同小異」。因此跟別人劃清界線，喜歡獨自一人。

「金醫生，我覺得自己一個人過得更舒服。」

「為什麼？」

然後，那名女患者用這個問題再明顯不過的口吻回答道：「跟人碰面很累呀！而且，有什麼非見不可的理由嗎？」

若是依照她的說法，平常公事就已經忙得不可開交，若要跟朋友見面，還要另外約時間，大家都很忙，要敲個共同時間都很難，而且每個人喜歡看的電影也不一樣，光是要挑選一起看的電影就大費周章，好不容易碰了面，大家都忙著在聊個人的事而已。何況，跟朋友碰了面回家之後，雖然也不是做了什麼事，還是感覺很累，隔天身心狀況也會變得很糟。因此，如果想要看電影時，就自己去看，然後再回家休息，這樣壓力反而比較小。

她的話的確言之成理。以付出努力所獲得的回報而言，跟人建立關係真是最沒有效率的事。因為建立關係需要絕對的時間和精力，然而，無論我如何敞開心胸去接觸他人，都無法知道對方是否真的會接納我。即便我再怎麼努力，對方也可能不喜歡我。就算對方也喜歡我，也沒有人知道這份感情何時會變卦。

儘管如此，假使有一天對方會明白我的心意，然後投入時間、精力和金錢好了，似乎也沒有理由期待想要的結果就一定會出現。因為如今人們已不像從前一樣，住在同一個村莊，而是彼此散居各處。我不知道身邊的人什麼時候會搬家？什麼時候會轉學？什麼時候會換工作？什麼時候不來補習班？或是不再參加聚會。若是一輩子會待在同一個空間的人，假使遭受了損失，直到獲得補償為止，或許還可以稍微忍耐一下，但是如果不知何時就會分離，誰會想吃虧呢？此外，人們為了在冷酷的無限競爭中生存下去，已經忙得焦頭爛額，因此不得不計較付出努力的投資報酬率。

因此，對於在公司裡基於疼愛後輩而想要多多教導新進員工的資深員工，上司往往會說：「對後輩好一點用也沒有。」因為教會了之後，新進員工別說是心存感激，反而會以為是自己很厲害，馬上就想跳槽到其他公司。從這方面來看，那名女患者說獨自一人更舒服的話的確沒錯，但是，她為什麼會來找精神科醫師呢？

她來找我的真正理由

最近「網路阿姨」「網路管家」這樣的用語很夯。所謂的「網路阿姨」是將連結網際網路的通信電纜線（Lan Cable）與阿姨這兩個字合成的新造詞，意指看到別人公開放在社群網站（Social Network Service, SNS）、YouTube、部落格等的孩子影像後，將之視為自己的外甥一般來疼愛的人。「網路阿姨」雖然並未實際看過孩子，但是透過電視或社群網站，得知這些可愛孩子的日常生活情形，然後透過網路持續關注，像是粉絲一樣地熱烈支持及表達關愛，扮演著虛擬阿姨的角色。

在現實生活中，阿姨若想見外甥的話，不只要花費時間和精力，有時還得花錢。但是「網路阿姨」沒有照顧孩子的責任，也不需要犧牲什麼。只要在自己方便的時候，上網去看看孩子的可愛模樣，盡情地享受觀賞的樂趣，並獲得心靈的慰藉即可。若是覺得這個孩子變得不可愛，就可以馬上換另一個目標來關注。

另一方面，「網路管家」則是指雖然自己不養貓，但是看著別人養貓的照片或視頻，覺得很可愛的網民。由於韓國將養貓的人稱為「管家」，因此「網路管家」一詞便是由此衍生而來。在現實生活中，飼養寵物並不是容易的事，但是「網路管家」卻不必操煩任何事，他們只要看一下這些兩三分鐘左右的可愛貓咪視頻，開開心心地得到心靈的療癒即可。如同「網路阿姨」一般，只要挑選自己覺得需要的時候，看自己想看的部分就好，沒有需要時，不看也沒關係。

有趣的是，不論是「網路阿姨」或「網路管家」，共通點都是為了解決人們的孤單而產生的一種關係，即便只是虛擬的關係。人們並不想放棄透過關係所獲得的心理安慰及快樂，因為我們已經體會到這才是撫慰終日疲憊的身心最好的方法。然而，這些「網路阿姨」或「網路管家」雖然意識到關係的重要性，但是卻認為直接與人見面，是投資報酬率非常低的做法。

不過，這位來找我諮商的女患者連關係的重要性也不認同。同時，她還認為自己已經充分了解生活所需為何，因此爭辯說不需要硬是花力氣去經營人際關係。然後，我很尖銳地問她，那麼妳心裡還有什麼不滿意的呢？

「金醫師，妳沒有嘗過遭人背叛的滋味吧？」

一般人總認為精神科醫師相當了解人心，所以誰都騙不過他。但是，就算再怎麼聰明的精神科醫師，碰到存心欺騙的人，也是難以招架。況且，在面對患者的時候，雖然可以盡醫生最大的努力來協助患者，但是離開診間之後，醫師也只是個平凡人，覺得疲累的時候，也想依賴某個人，也想發發牢騷。因此，我也曾經遭到背叛。曾經有朋友信誓旦旦地說一定會還錢，但是卻有借無還，也有剛剛還在身旁對我笑嘻嘻的同事，卻在背地裡散播不實的謠言，使我陷入困境。即便如此，我並沒有說出我的遭遇，而是默默地聽她訴說，因為她正要說出她的真心話。

原來，兩個月前她交往三年的男友要求分手。他對她說：「我對妳而言有任何意義嗎？妳總是把工作看得比我重要。所以妳不需要我，不是嗎？」她感到十分震驚而無法言語。直到目前為止，她一直認為如果表現出軟弱和依賴的一面，她的男友就不會喜歡她。因此，無論遇到再怎麼疲累的事，她都在他面前露出笑臉；即便是不喜歡吃的食物，只要他想吃，就會陪他一起去吃；雖然不喜歡棒球，但是因為他很熱衷，所以也曾經陪他去看過許多次棒球賽。如果因為她沒有表露出疲累的樣子，就說要分手，叫她情何以堪？相反地，她覺得因為自己更愛他，所以處處配合著，總是看他的臉色。然而，她並不想讓男友看到自己崩潰的模樣，所以就「裝酷」地說：「好呀！分手吧！」

她從小就不太會撒嬌，也很少哭。母親在情非得已之下懷了她，不得不辭掉工作，因此，在成長過程中，經常會聽到母親埋怨說：「只要妳沒有出生就好」的話。她認為自己毀掉了母親的一生，所以不能感到疲累，也沒有資格哭泣。五歲的時候，她曾經在大賣場耍性子，央求母親買一隻泰迪熊，至今她仍記得母親轉身離去的那一刻。最後，她終於生氣地大吼說：「又不是我想要出生，才被生下來的，而且我已經非常努力了，到底還要我怎麼做？我已經精疲力盡了。」

所以她決定不再受傷害，並且鎖上了心門。她覺得「所有人都大同小異」。因此跟別人劃清界線，喜歡獨自一人。不過，讓我難過的是，目前看起來並不舒坦的她。為自己設了一堵牆，只要有人想要入侵時，她就如臨大敵，繃緊神經而焦慮萬分。她總是懷疑「別人會如何看待我？」「別人會不會說我的壞話？」「我的朋友會不會背叛我？」持續地注視著那堵牆。她希望受到關注，卻又設了一道障礙，結果只擔心著那堵牆，變成什麼事也做不了。

我們家除了父母親之外，還有五個孩子，所以根本沒有安靜的一天。或許是因為在鬧哄哄的環境中長大，不知何時開始，我總是夢想著有一天能夠獨自安靜地生活。然而，事實上卻常常連單獨喝杯咖啡的時間，也是奢侈的事。所以，即便很短暫，只要能夠獨處，我就會盡情地享受那段時間，至於別人如何看待，又有什麼關係？

然而，即便這名女患者一**直說自己喜歡一個人，但是卻不能真正享受獨處的時光**。因為她總是在意別人會怎麼評論自己而緊張兮兮，這樣如何能夠樂於獨處呢？**我之所以能夠**

享受獨處的時光，是因為我始終相信，只要我願意，不論何時都可以跟別人聯絡，而且他們也會很開心與我取得聯繫。但是，她並沒有這樣的信念。結果，為了不受傷害而遠離人群，這樣是否能夠逃避危險而變得安全不得而知，不過事實上卻無法取得內心的平靜。無論是在人群之中，或是獨處之際，她總是感到孤單寂寞。套句小說家馬克•吐溫的名言：「最嚴重的寂寞，是無法與你自己安然相處。」（The worst loneliness is not to be comfortable with yourself.）她並未身處險境，但是卻嘗到了最可怕的孤寂。

反正人生無處不受傷

「妳覺得最幸福的瞬間是什麼時候？」

她沉吟良久，想到了她的祖母。小時候只要去鄉下的祖母家玩耍時，祖母總會說：「哇！我的寶貝來了呢！」開心地迎接她。然後，她就會以小碎步奔向祖母，祖母會抱著她說：「哇！真可愛。」然後親吻她的整個臉頰。就在她回憶起最快樂的時光之際，她的表情顯得十分輕鬆和幸福。任何人都是如此。只要讓人試著回想那些歡樂時光，十之八九都會浮現出一個與自己珍愛的某人共度的回憶，相反地，鮮少有人會想到獨處的場景。這也說明了幸福其實是存在於建立和維繫人際關係的過程中。

但是建立和維繫關係絕非易事。越是像她這樣飽受創傷的人，越是害怕向某人敞開心扉。事實上，與人更加親密跟分手一樣是件難事。因為若想要拉近彼此的距離，勢必要向對方展現出自己想要隱藏在內的模樣，然後又會害怕遭到拒絕。但，唯有克服了這種恐懼，才能真正與人變得親近。達賴喇嘛在《達賴喇嘛說幸福之道》一書中，對於親密關係，曾經做了如下開示。

「有一種西方人十分重視的關係，那就是兩個人之間存在著深厚親密感的關係。換句話說，就是擁有可以分享內心深處的感受與恐懼的特別的某個人。若是沒有具備這種關係的人，就會覺得自己的人生若有所失……親密關係不是指跟他人進行的膚淺對話，而是一種共享深層次問題和痛苦的關係。」

我們渴望這種親密關係的理由，是因為我們期盼被愛。即便她說喜歡一個人，其實還是渴望被愛。一直以來，她總是努力地活著，或許也是想聽到母親不再埋怨她的出生毀了自己的人生，而是感謝她的出生。她也希望男友說出：「妳也辛苦了，謝謝妳陪伴在我身邊，我愛妳。」她想要證明自己並非毫無價值和微不足道的存在，而是值得被愛的人。但是，無論多麼努力，她都聽不到這樣的話，所以她感到精疲力竭，而放棄了經營人際關係，並且以沒有必要為由，試圖透過自發性的拒絕建立關係來保護自己。但是為了不受傷害而宛如刺蝟般的豎起尖刺，只會讓原本想與她親近的人，都離她而去。

建造自己的高牆，並獨居其中，的確可以讓人感到舒適和安全。但是，卻很容易讓人覺得悵然若失，不知如何是好而變得沮喪，不論做什麼事都了無生趣，感覺只是日復一日過著索然無味的日子。因此，她必須承認自己為了害怕受傷所做的努力是毫無意義，必須承認自己需要某個人，自行拆除這堵牆，並且敞開心扉。**世界上沒有任何不會受傷的關係**，人們唯有具備受傷的覺悟，並且提起勇氣，才可以靠近某個人，才能獲得自己所渴望的愛。

為什麼她覺得結婚後更孤獨？

透過與自己所愛的人見面來趕走寂寞，可能是一種好的解決方案。不過，這並不意味著兩個人在一起，就會懷抱相同的夢想，擁有一樣的想法，而是可能對同一件事見解各異。

她在學生時代總是很討厭回家，因為家裡都空無一人，回到家後往往是獨自把燈打開，並且做飯來吃。當時經營餐廳的爸媽，每天都很晚回家，所以偶爾她累得睡著的話，整天連爸媽的臉都見不到一面，這樣的日子，可說是不計其數。她是個獨生女，因此，很羨慕鄰居的孩子，可以跟姐妹們一起去逛街和看電影。特別是看到小男孩抓著一個哭紅了眼的小女孩的手，說道：「誰敢把我們家老么弄哭？放馬過來。」看著那個氣勢洶洶的小男孩，她也曾暗自想過「希望也有人站在我這邊」。每逢此刻，雖然她總是在爸媽面前表現出更堅強的樣子，但是內心深處忍不住感到孤單。

或許是因此之故吧！她開始夢想著家人們圍坐在一起吃飯、看電視，一起說說笑笑的情景。所以她一遇到心儀的男人，就馬上決定要結婚。然而，曾經說過會將天上的星星都摘給她的丈夫，後來每天都工作到深夜才回家。原本她自認為只要做好規劃就可以馬上生兒育女，但是結婚三年多來，肚皮卻一直沒動靜。後來，好不容易出現各種懷孕的症狀，結果卻被判定為是假性懷孕，讓她很快地陷入沮喪之中。她以為結婚的話，就不會再感到孤獨。然而，她的丈夫跟她爸爸一樣，總是難得見上一面，能夠讓靜悄悄的家裡充滿笑聲的孩子，也不曾誕生。結果，她不停後悔著「如果是這樣，我為什麼要結婚？」然後逐漸失去笑容，最終染上了憂鬱症。

我終究是孤獨一人

我罹患帕金森氏症至今已經十八年。幾年前，有一次我光是半夜起床去上廁所，就花了一個多小時。我曾經有段時間全身像結凍一般的僵硬而動彈不得，約莫就是那時候發生的事情吧！當時，浴室門明明就在我面前，只需要走幾步就可以，但是我的身體卻不聽使喚。雖然我試圖喊出「救命呀！」但是卻如鯁在喉，發不出聲音。在深夜裡，我沒有辦法叫醒已經沉睡的家人們，然而若是如此下去，我可能會尿濕在衣服上，於是我竭盡全力地移動著僵硬的身體。每跨出一步，我就必須停下來休息片刻，如此重複了好幾次，才上完廁所。

我常常會因為忍受不了骨頭的疼痛而在半夜醒來。這種時候應該要翻身才對，誰知道那天我的身體完全不聽使喚，所以我不得不汗水淋漓地忍受全身的痛苦。雖然吃藥的話，我就可以走路，但是身體就會不受控制而任意擺動；若是不吃藥的話，我的整個身體變得十分僵硬。雖然我試圖努力移動我的身體，但往往到處受傷和瘀青，有時候胳臂會因此骨折而打上石膏，有時候則是造成下巴的撕裂傷而必須縫合。老實說，當我覺得痛苦不堪之際，曾經一度想要跳窗自盡。

我的家人分明都在我身邊，但是沒有人可以代替我承擔這些痛苦。想想看，若非當事人，誰能說自己懂得超過二十分鐘都無法邁出一步的痛苦？有誰能夠理解一夜無眠，痛得哇哇叫，卻只能等待黎明到來的感覺？即使家人想要代替我受苦，也只能表達心意罷了，所有的痛楚都必須由我自己承擔。沒人能體會到我究竟有多麼難受，如果我不大聲求救，沒人會知道我的痛苦。當時，我才意識到人類是多麼孤獨。在生不如死的痛楚面前，我完全是獨自一人。

然而，我先生也是孤獨一人

回想起來，直到二〇一四年病情惡化而將開業的醫院關閉之前為止，我總是為了絡繹不絕的病患診療、學術活動、訪談、演講等，忙得不可開交。當時，我曾經憎恨過我先生。我們是雙薪家庭，但是我先生卻認為操持家務和照顧孩子理所當然是女人的事，這實在讓我無法理解。因此，我們真的經常吵架。起初，我試圖站在我先生的立場來想，但是隨著爭吵日益頻繁，我們的關係也更加惡化。結果，別說是為我著想，我先生甚至還責怪已經盡力而為的我，這實在讓我忍無可忍。從客觀的角度來看，明明是我比較累，我實在不明白為什麼他認為他更吃力。我甚至認為若再持續相處下去，情況只會更糟，因而動過離婚的念頭。

然而，在經歷過罹患帕金森氏症那種生不如死的痛苦，徹底體會到人事實上是孤獨的存在後，很神奇地，我開始用不同的眼光來看待我先生，承認說「嗯！這個人的確也很孤獨。」我先生出生在一個貧窮的家庭，從小就下定決心一定要成功，他與父母分隔兩地，未能好好地得到父母的疼愛，因而不知道如何去愛護子女。即便如此，看到他為了治好我的病而東奔西走的模樣之後，我對他也開始另眼相待。

我先生跟我生活在一起，其實也很痛苦，為什麼我始終不想去面對這個事實？我先生顯然在努力嘗試，但是為什麼我只看到且放大了自己的付出呢？我曾經想成為我先生此生最重要的人。因而希望他凡事最先想到的不是自己，而是我，期盼他能夠更愛我。如此一來，只要他稍微有些舉動讓我感到難過，我就會非常失望。我們其實屬於不同的獨立人格，他也有自己的人生課題需要解決，但是我卻因為他無法幫忙承擔我的壓力，而火冒三丈。一開始，我過度要求被愛也是個問題，因為我將無法滿足這個期待的所有責任，全都歸咎到他身上，我從未想過他也不過是一個孤單和笨拙的人。

然而，當我意識到身心的痛苦只是我自己的事，並且意識到人生終究是獨自前行時，這才開始將他視為另一個獨立的個體。然後，當我所開設的醫院經營陷入困境時，我也很感謝我先生每天三番兩次打來的問候電話。雖然偶爾我會因為他對我發脾氣而覺得很委屈，但是能夠有一位始終不離不棄，堅定地守候著我的伴侶，真不知有多麼幸運。如果沒有他，我怎麼有辦法忍受這些病痛至今呢？

所謂愛就是彼此融為一體，其實是一種錯覺

即便再怎麼努力想要變得熟悉，卻又無法熟悉的感覺，不就是寂寞嗎？人往往無法忍受孤獨，我先生也是如此。所有人都是從母親的子宮這個完美的世界裡誕生，一般的胎兒都是在不知寒冷、高溫和飢餓，充滿愛的環境中長大；然而，一旦脫離母體來到這個世界，試煉就此開始。如果嬰兒感到肚子餓或不舒服，又沒有人來幫忙解決時，他就會透過

哭泣來尋求協助。即便如此，誤以為自己仍然和母親連為一體的嬰兒，大約到六個月大時，才會意識到自己跟母親已經彼此分離，而會變得不開心，這也是人類首次體驗到基本的憂鬱情緒的時期，沒有人能夠逃避這個過程。當然，此時若是母親能好好照顧孩子，孩子的憂鬱也會轉換成充滿希望，而不會受困於被拋棄的感覺。

然而，我們總是夢想著曾經與母親臍帶相連的時刻。所以，當我們感到孤獨時，就會強迫性地想找人作伴。但是，人生在世，總有不得不獨自一人的時候，偶爾也會遇到必須獨自承擔的事。不管你再有錢，不管你有多忙，寂寞都會降臨。每逢此時，硬是努力地想要克服孤獨，其實反而不好。一旦痛苦找上門時，應該靜靜地等待，盡可能自然地接受孤獨的來臨。

透過與自己所愛的人見面來趕走寂寞，可能是一種好的解決方案。不過，這並不意味著兩個人在一起，就會懷抱相同的夢想，擁有一樣的想法，而是可能對同一件事見解各異。因為**對方與我是截然不同的人，永遠都不可能融為一體**。因此，**我們越是相愛，就越會發現彼此的差異**。當我們完全接受對方的原貌時，就會發現對方有著與自己完全不同的世界與靈魂。換句話說，我們將會深刻地體會到，原本希望永結同心的人，終究是與自己不同的個體。那麼，我們將會再次意識到，彼此都是各自分離而孤獨的存在。

如今，我必須承認，反正任何人都是孤獨的，即便結了婚，也是孤獨的，跟不結婚一樣孤獨。而且，不論我多麼愛他，我們都無法融為一體。即使再怎麼試圖理解，也有一些彼此不對盤的部分。因此，有時我會感到傷心，有時你會感到難過。然而一旦相愛，並且不斷努力地彼此理解，人就有機會再次成長。儘管對方與我不同，但是卻接納我的一切，並且愛著我，對此若能深深地感謝，愛情就能更加深遠。所以，誠如托爾斯泰所言：「幸福的婚姻生活並非取決於彼此是否能好好相處，而是取決於彼此能夠承受多少的不一致。」或許這句話才是正解吧！

某個瞬間對人際關係感到疲憊的理由

如果我們覺得人際關係就像工作一樣，令人感到疲累，可能是因為我們捨棄了真正重要的關係。

我們在臉書（Facebook）可以結交的最大朋友數量是五千人，如果超過五千人，就不能再新增好友。雖然對一般用戶而言，五千人已經是一個非常大的數字，但是實際上已經有很多人的臉書好友達到五千人。

社群網站（SNS）呢？不斷響起的KakaoTalk、Naver Friend、LINE群體聊天室訊息通知，已經多到影響工作的程度。而這些提醒的通知中，非知道不可的訊息其實屈指可數。然而，我們卻無法輕易地離開這些成排的聊天室。

不過，在手機電話簿中所儲存的數百個名字，以及在社群網站交友清單中的無數個朋友中，當你需要幫助時，究竟有多少人會伸出援手呢？曾經有一項問卷調查提出了這個問題，大多數人的答案都是三至五人。那麼，其餘的人對我們而言，是什麼樣的存在呢？

「拜託讓我獨自靜一靜」

有一個Messenger好友大約有三百五十名的朋友說，他對人際關係越來越感到懷疑。以往他看到日益增加的好友人數，也曾經沾沾自喜，不過其中真正會聯絡的朋友，也不過二十個人左右。美國紐約大學社會學教授艾瑞克．克林南柏格（Eric Klinenberg）針對這種情形曾經指出，人際關係的經營首重於質，想要以量來充數是不切實際的。因此，這位朋友似乎正受困於「關怠期」。所謂的「關怠期」是「關係」與「倦怠期」合成的新造詞，意指對於與新認識的人建立關係感到倦怠的現象，不僅覺得沒有建立新關係的必要性，而且也拒絕努力去維持關係。所以，那些受困於「關怠期」的人，往往會逃避參加人多的社交聚會，甚至乾脆選擇獨處。

最近，像他這樣抱怨人際關係疲勞的人越來越多。紐約大學社會學教授道爾頓．康利（Dalton Conley）教授曾說，現代人從早到晚接收大量的數據、資訊、關係和勞動，生活的能量全都被消耗殆盡，因此，下班後的生活，只想斷絕所有的關係。試想看看，如果一個男人整天在公司裡總是要看上司的臉色，努力地工作，那麼當他精疲力盡地回家以後，會想要怎麼做？在他邊吃飯、邊看電視，想要休息一下的時候，老婆卻因為孩子的問題，想要跟他坐下來討論，孩子則是希望爸爸陪他一起玩；與此同時，有位朋友打電話來，問他聊天室的留言怎麼都沒有看一下，說是同學們好久不見，最近想要聚一下云云。然後，二十分鐘後，他突然接到公司的聯絡，說是某位組長的母親去世，因此又急忙出門趕去一家醫院參加告別式。

在韓國社會有一種說法，就是為了取得成功，我們必須好好地經營人脈。從這方面來看，或許會認為他的選擇似乎不可避免。但是，為什麼被犧牲的部分，總是最親近的關係？日本小說家朝井遼（Ryo Asai）在直木賞得獎作品《何者》中，有段對於那些執著於建立人脈者的對白說道：「有在流通的東西才叫做『脈』。你好像參加了各種劇團表演之後的派對，但是在那種場合認識的人，你現在還有在聯絡嗎？可以出其不意地打電話給這些人，就跑去見對方嗎？他們真的稱得上是人脈嗎？」

一個人最多只能與一百五十人維持關係

英國牛津大學演化人類學系的羅賓・鄧巴（Robin Dunbar）教授在《一五〇法則：從演化角度解密人類的社會行為》（How many friends does one person need?）一書中指出，即便社交能力再怎麼卓越的人，與他人維持緊密關係的人數上限也只有一百五十人，並將此命名為「鄧巴數字」（Dunbar’s number）。他進一步指出，這裡所謂的一百五十人，是指在酒吧裡偶遇，就算坐在一起而不請對方喝酒，也不會覺得不知所措的朋友。

他建立此一理論的基礎，主要著眼於過去原始部族村落的組成人數大約為一百五十人左右，而目前仍然居住在澳大利亞、新幾內亞和格陵蘭的原始部落的平均人數也是一百五十人左右。根據此一法則，一個人可以締結的人際關係上限，最多不過一百五十人，事實上，即使朋友人數超過於此，彼此也只是不太熟悉而毫無意義的關係而已。

因此，從那些連名字都未必真實的社群網站朋友，以及儲存在手機聯絡人的清單來看，對人際關係感到懷疑的人，在整理不必要及形式上的人脈時，應該牢記「鄧巴數字」的原則，因為超過這個數字以上的人際關係，其實毫無意義的可能性非常高。然而，有些人在試圖刪除聯絡人時，心裡會過意不去，而感到非常苦惱。但是，這種感覺只是暫時性的，真的刪除之後，心裡反而會感到十分輕鬆。這就像有些死也無法丟掉東西的人們，在閉著眼睛把不再使用的東西丟掉之後，體會到生活變得簡單的感覺如出一轍。

讓人際關係疲乏的主因並不在此

令人遺憾的是，與無數人建立人際關係原本就是不可能的任務，因為我們擁有的時間和精力都是有限的。但是，**如果你持續被一些不重要的人際關係所牽絆，就不得不疏於經營重要的人際關係**。一般而言，父母通常會說孩子是最珍貴的，但是每週與自己十幾歲的青春期子女交談的時間，卻不到十六分鐘。對於我們稱為是「獨一無二的生死至交」的人，每年跟他們聯絡的時間，往往也不過幾分鐘。越是這種我們認為重要的關係，我們應該要花越多時間在這些人身上才對，然而，大多數的情況卻非如此。我們反而是在次要的關係方面，花費相當多時間。

如果我們覺得人際關係就像工作一樣，令人感到疲累，可能是因為我們捨棄了真正重要的關係，而浪費太多的精力和時間去經營那些不必要和形式上的關係。

那麼，當我們試著整理自己的人際關係，而覺得心裡過意不去時，首先**應該要考量什麼是自己覺得重要的關係**，並且想想該如何花費更多的時間和精力，在這些重要的關係上。一旦我們下定決心要花更多的時間來經營重要的關係，不僅可以輕而易舉地整理掉那些不必要的關係，還可以體驗關係所帶來的快樂和親密感，如此一來，我們反而會感到幸福，並且充滿活力，也不會被一些無關緊要的事情牽着走，而覺得元氣耗盡了。

儘管如此，有時候，我們也會覺得所有的人際關係都很麻煩，甚至連整理關係這件事都很累人。遇到這種情況時，請不要害怕那種感覺，就隨它去吧！這或許是因為你過於費力勞神，只顧著向前跑而沒有稍微休息，因此大腦率先發出警訊也不得而知。此時，好好地休息一下，就是最好的處理方法。

最親近的人給予的傷害最大

對我們造成最大傷害的人，往往就是我們最親密的人，因為我們很清楚如何讓對方感到痛苦。

當我們遇到一個心愛的人時，就會開始產生一種不曾對其他人出現過的期待。我們會希望自己被對方視為一個特別的人，並且期望對方能夠填補自己的缺陷，而讓自己變得更完美。但是，或許這個期望太大了吧？在某一瞬間，期望就會變成失望，而且越是失望，我們對對方的埋怨就會越深，繼而討厭起對方。當我們對某人的期望越大，就越會將所有責任都轉嫁到對方身上，而且也會因為對方不順己意而感到憤怒。我們總是認為如果對方真的愛自己，那麼理所當然要做到某種程度，因此，一旦不如期待，就會怪罪對方。

「你怎麼能如此對我？」

這裡所隱而未現的話是「如果你愛我」。如果你愛我的話，當然就必須遵守承諾；如果你愛我的話，就應該要打電話給我；如果你愛我的話，就必須記住我們的週年紀念日。因此，發脾氣的一方，其實是懷疑對方的愛是否已經變質，而且希望聽到對方說出依然愛著自己的話。

但是，如果你太過咄咄逼人，那麼對方在忍無可忍之下，也會大發脾氣。由於彼此的關係十分密切，因此也相當了解彼此的弱點，所以從些微的口角，演變成一場不可收拾的大戰，往往只是時間的問題而已。有時候，為了贏得口舌之爭，我們甚至會去挑起對方內心深處的傷口。原本是因為將對方視為最信任的人，所以向對方吐露了自己不足為外人道的一些感到羞恥和令人尷尬的事情，但是，最後卻成為對方拿來傷害自己的毒藥。所以，十分諷刺的是，對我們造成最大傷害的人，往往就是我們最親密的人，因為我們很清楚如何讓對方感到痛苦。

這不是愛的證明

曾經有一對夫婦，妻子希望她的丈夫成為一名成功的醫院院長，而不只是個住院醫師。因此，她希望先生能夠更積極地參加一些跟長官們交際應酬的聚會。但是她的先生希望更專注於研究和看診的工作，擔任行政管理職務和經營醫院，並不是他想做的事。然而，她卻逼問他說：「一個大男人，為什麼一點野心也沒有？」由於兩人之間的鴻溝始終無法縮小，最後終於離婚了。

我們通常為家人或戀人做一些事情時，都會「以愛為名」，認為這些都是基於為對方好的心意，所做出來的行為。然而，**如果我們的所作所為，並不是對方想要的事，還可以稱之為愛嗎？**

我們想要控制自己心愛的人的意圖，遠超過自己的想像。我們口口聲聲說是愛著對方，但是一旦對方不按照自己的意思來行動，就會大發脾氣，甚至怨恨對方，並試圖阻止對方。上述那位妻子，也是希望她的先生能夠依照自己的意思來做，儘管他並不想成為醫院院長。

有些希望孩子去實現自己未能達成的夢想的母親，也會說自己是為孩子好。這樣的母親只會給予孩子滿足自己期待的愛，而不是給予孩子所需要的愛。甚至當孩子選擇一條不同的道路時，她就會說：「我是怎麼把你養大的？」試圖阻擋孩子的決定。由於母親對孩子而言，宛如救命的稻草一般，孩子為了不被母親拋棄，只好順從母親的意思來做，不得不扮演著母親的分身。但是，在孩子的內心深處，卻也種下了對母親的埋怨和不滿，最後一旦不知所措時，甚至會做出自殘的行為。

欲望和真愛必須加以區分。強迫對方去做他不想做的事，並不是真愛，只是一種自私地想要操控對方的欲望。而且，如果你想要依照自己的偏好來馴服他人，也是一個無法實現的夢想。因為在這個世界上，跟我完全一樣的人，只有我自己而已。父母、戀人和我們所愛的孩子，都不能成為我的複製版。我們越是想要馴服別人，就越會絕望地發現，原以為與自己相似的人，其實與我如此不同。

反正完全了解一個人，就是不可能的事

對方與我不同的事實，會讓人越是相愛，越感到悲傷，因為我們總是希望自己所愛的人，能夠完全了解自己。這是為什麼我們會說出：「別人也就算了，你應該會了解我吧？你跟我同一陣線啊！」的話來。但是，無論再怎麼相愛，對方畢竟不是我，都有可能誤解我。例如我不過是因為陽光太強，而皺了皺眉，他卻誤以為可能自己做錯了什麼事而惹我不高興。然後我就反問他說：「不會吧？你怎麼可能會產生這種誤解呢？難道你不了解我的為人嗎？」並且感到無可奈何而悵然不已。如果我告訴你，全世界六十億人全部都是生活在這種抑鬱感中，會不會讓你稍微感到安慰？其實這個世界上每一個人都曾經被誤解，無一倖免。

儘管如此，我們還是會期待所愛的人能夠了解自己的心。因為對方與我最為親密，也

最了解我，所以就認為凡事不必非得說出口，對方就會把該做的事情一一辦妥。然而，這只是一種錯覺。如果你不表達出來，別人又怎麼會知道呢?因此，與其懷抱著不切實際的期待，然後一再感到失望而憎恨對方，不如提起勇氣，老實地告訴對方，你究竟想要什麼。

以一個普通戀人之間常見的對話為例。有個女生問她男朋友說：「明天晚上也要加班嗎？」但是其實內心想著：「明天是我們交往一週年的紀念日，晚上應該要碰面吧？」諸如此類的問題，她這麼做不過只是在考驗男朋友而已。與其如此，不如老實地說出：「明天是我們交往一週年的日子，晚上我們見個面，簡單地慶祝一下好嗎？」那麼彼此誤會的事情就會變少，吵架或爭執的狀況也能減輕，不必無謂地浪費精力，還能降低受到傷害的情形。

真正愛一個人的意義

幸運的是，我們不需要完全了解一個人，就能愛上對方。**只要我們無條件地接受對方的一切，我們就有足夠的能力去愛人。**

不過，真正的問題在於，全然接受對方的原貌是一件知易行難的事。我們雖然心裡明白，但是面對無法控制的事情，還是會感到沮喪、不安、憤怒和焦躁。假設前方的道路因為發生交通事故而堵塞，有些人對此會感到十分憤怒。但是，發脾氣根本無濟於事。不論我們多麼生氣，多麼坐立不安，都不可能如願地解決這個塞車的情況，愛亦復如是。無論你有多麼焦急，心裡有多麼沮喪，我們所愛的人總是有一些難以改變的部分。

此時，我們需要有智慧，如實地去接受那些部分。如果你試圖硬要去調整它，不僅無法將它調整好，反而更容易相互傷害。這種發自於為了對方好的心意，瞬間就會成為傷害對方的言語和行為。越是遇到這種情形，就越需要銘記在心。父母認為為了孩子好所說的話，對於十幾歲的青少年而言，往往成為一無是處的嘮叨，若是嘮叨一再重複，事實上反而會助長孩子產生反抗心理。

不要試圖花任何力氣，去把對方塑造成你所想要的樣子，而是要用溫暖的眼神去守護對方。我們必須認同對方的思想和行為，都是源自他所經歷過的歲月，完全包容他的過去，接納對方曾經不盡如人意和卑微的模樣。唯有如此無條件接受某人的一切，才是真正地深愛對方。

人生在世最幸福的事情之一，就是我們可以不必付出任何努力，不必隱藏任何事情，可以用我們現在的模樣被某人所愛，以及愛上某人。所以，承認對方與我不同的事實，並接受彼此的差異，就是達到幸福的捷徑。

不要再費盡心力，先保持距離吧

如果在不舒服的情境下，不立刻做出反應，而是先保持一段距離的話，就可以避免彼此情緒爆發至不可收拾。

有一對交往多年的情侶，某天發生了嚴重的爭執。原本只是微不足道的口角，不知不覺間演變成讓彼此口出惡言而傷痕累累的爭吵，而且一如既往，女主角轉身離去而不再回頭。但是，男主角習以為常，想說很快就會和解。

但是第二天，女主角面對男主角時，宛如對待一位陌生人。後來男主角才得知，原來她已經藉由先進的技術，完全抹去了對男主角的不愉快回憶。男主角看到女主角這樣的做法，震驚之餘也十分憤怒，然後決定如法炮製，跑去醫院把兩人過往相處的回憶清空。

「妳總是這樣，這麼自私又衝動，一生氣就任意放話。好啊！我也要徹底把妳忘掉。」

所以，男主角也把對於女主角的記憶一一地刪除。起初，他覺得很開心。然而，在抹除記憶的過程中，他開始想起彼此之間的美好回憶，於是心裡產生動搖。他想起過去即便只是暫時分開半晌，就會想念對方，突然明白自己其實深愛著女主角。

他回想起彼此曾經並肩躺在結凍的查爾斯河上，深情款款地凝視著對方，還有比這更幸福又滿足的時刻嗎？於是，男主角大喊著：

「有人在嗎？我不想抹掉這段記憶。停下來，拜託！」

這是電影《王牌冤家》（Eternal Sunshine of the Spotless Mind）的情節，描繪著一對愛得轟轟烈烈的戀人，決定將彼此從自己的人生中抹除，然後才體會到真愛的過程。

如果男主角在想要刪除記憶之前，就明白自己深愛著女主角，該有多好？我們經常像這部電影的男女主角一樣，直到失去珍愛的東西之後，才了解到它的價值。這是為何我們希望過著無悔的人生，卻往往後悔莫及的理由。

追究「對方的錯」和「我的錯」都無助於解決問題

一旦關係出現裂痕而內心受傷，我們通常會把責任推給對方。因為相較於已經竭盡全力的自己，對方似乎並未付出太多的努力。結果，當累積的不滿爆發之後，我們就會大肆指責對方說：「都是因為你。」然而，怪罪他人並無助於解決問題，只會引來永無休止的爭執。

史丹佛大學醫學院榮譽教授大衛・伯恩斯（David D. Burns）為了找出「什麼態度會影響婚姻生活的幸福與否？」進行了好幾項研究，最後發現了令人驚訝的結果。他嘗試了各種變數，例如年齡和收入之間的差異、學歷和有無子女、婚姻生活的長短、性愛頻率、興趣和家事分擔等，但是這些都不是問題所在。**影響夫妻幸福與否的最重要因素，正是「對方的錯」**。在填寫夫妻關係表的受測者中，若是屬於雙方都怪罪於對方的夫妻，三個月後他們再次填寫夫妻關係表時，關係會更加惡化。反之，那些不是指責對方或想要改變對方，而是著重於改變自己的受測者，夫妻關係反而變好了。

這並不意味著要你應該承認是「我的錯」。自我責備將會引發內疚、焦慮、沮喪和自暴自棄的情緒。而且，當我們看到即便再怎麼努力，情況也未見改善時，會感到乏力，這也無助於解決問題。

討厭某人，並且與他保持不和諧的關係，是相當可怕的。所以有人說：「這種人我根本連見都不想見。」然後乾脆與對方斷絕關係，也就是將讓你感到不舒服的人排除在自己的人生之外。但是，即便你一氣之下斷絕了關係，可以不再看到對方，但是內心依舊會留下傷口。當我們遇到對方的時候，就會突然浮現那些不開心的情境，當時所留下的傷口依然在內心深處的某個角落，時時刻刻地折磨著自己，因為我們無法擺脫這種不好的情緒。有些因為被老闆欺負而決定辭職的人，甚至過了好幾年之後，經過公司附近，還是難忍不舒服的情緒；有些女人跟男友分手後，就不願再去曾經跟對方去過的地方；有些人一聽到一氣之下絕交的朋友的聲音，心情就會變得沉重，總覺得無法平靜下來，過去累積的那些與他相關的記憶，變成鋒利的劍，一直捅著自己的心。

在斷絕關係之前，先保持距離

任何人如果跟一個自認為親近的人，或是不得不親近的人之間，發生了問題，都是相當痛苦的事。一旦心裡不舒服，事情就不會順利，跟其他人之間的關係也容易受到影響。一個老闆如果夫妻之間吵架，第二天到公司上班時，即便努力地調整情緒，臉上的表情可能還是很僵硬。然後，下屬會以為他們犯了什麼錯，而必須看上司的臉色。當姐妹之間發生爭吵而不說話時，家裡的整個氛圍都會變得沉重起來。

有什麼不去爭辯誰對誰錯，不需要吵架的方法嗎？如果不想斷絕關係，難道除了痛苦地忍受這種關係之外，別無他法嗎？不是的，的確有方法可行。那就是在內心的傷口擴大之前，先保持一定的心理距離。有人問我說，即使保持了心理距離，但是還是必須一直看到對方的臉，這樣只會讓人感到尷尬而已，這算哪門子的解決方案呢？

但是，如果在不舒服的情境下，不立刻做出反應，而是先保持一段距離的話，就可以避免彼此情緒爆發至不可收拾，而且也能夠製造出先退一步，以客觀的角度來觀察全局的空間。然後，當氣消之後，就可以避免不必要的爭執。

保持一段距離並不意味著不再關心對方，也不介意對方做了什麼，而是雖然感到難過，但是承認和尊重對方可以跟自己持不同的想法和意見。也就是說，不會因為對方與我意見相左，就排擠或批評對方，也不會想去改變對方。

因此，如果可以適當地保持距離，就不必斷絕關係，也無須報復對方。反而可以從怨恨對方的情緒中抽離出來，讓心情變得輕鬆，才有辦法再找回平靜。從這個意義來說，保持適當距離是避免不必要的敵對狀況，不受對方操控而消耗情緒的明智之舉。

我曾經憎恨過我婆婆好一段時間，而且導致睡不著覺。可見這種感覺有多麼痛苦，足以讓我失眠一個月。當我想起我婆婆時，就覺得胸口鬱悶，而且滿肚子火。不過，有一天我恍然大悟：「為什麼我要因為我婆婆的關係，而毀了自己的人生？」我曾以為如果我更努力的話，我婆婆就會疼愛我，而且我也想獲得婆婆的認可。然而，我的婆婆不僅不認可我，還經常露出不滿的表情。雖然我也試圖想要理解她，但是終究還是無法如願，在這個過程中，埋怨就日益累積，變得越來越大。後來，我決定放棄去理解婆婆，而是接受了她永遠不會改變的事實，然後開始跟她保持情感上的距離。

例如，吃完晚飯後，我通常會去削水果給大家吃。以前，我都會坐在旁邊一起吃水果。但是，後來我就會說：「媽，請吃水果。我現在肚子不太舒服，先回房休息了。」然後走回房間去做自己的事。我很自然地逐漸減少與婆婆相處的時間。雖然，對其他人而言，這可能不是什麼大不了的事情，但是對於身為媳婦，受制於必須克盡全力侍奉公婆的強迫觀念，即使是經常被挑剔也必須待在婆婆身邊的我而言，真是需要鼓起相當大的勇氣才行。因為我和婆婆住在一起，所以不管我喜不喜歡，每天都得面對她。

然而，很神奇的是，隨著我跟婆婆之間的距離日益增加，我越來越不受她的影響而情緒波動。我下定決心，只盡媳婦該盡的本分，然後集中精力盡可能爭取更多屬於自己的時間。以前只要我婆婆隨便說了些什麼，我就會怒不可遏，但是我現在會回說：「是，是。」然後左耳進右耳出。由於心情變得從容不迫，所以不知不覺間，也開始能夠安穩地睡上一個好覺。

保持距離並不代表是漠視對方

然而，通常一般人會認為，保持距離就是與對方隔絕，並且漠視對方。如此一來，反而無法消除緊張。因為如果看到對方因為我而略顯拘束，就會感到內疚，覺得自己是個壞人。相反地，如果對方覺察到我的心意，但是卻沒有改變態度，更別說是小心翼翼，我就會生氣，這樣依然是情緒隨著對方起舞。

我所謂的「距離」是指對方與我之間的「尊重」。這裡**所謂的尊重，是指如實地承認對方與我不同的事實**。因為對方與我不同，就不會想去批評或批判他，也不會試圖去改變他。換句話說，我不會想要依照自己的意思去操控對方，而是尊重他的選擇和決定。

進行精神分析的時候也是如此。以患者的狀況而言，雖然他們內心的確受到傷害，但是也不能隨意對待他們。不能因為患者價值觀和理念與我不同，就任意地批評或輕率地要求患者要改變，即便是患者自找麻煩而造成令人惋惜的情形。我們應該盡可能多多傾聽患者為什麼這麼想，這才是所謂的尊重。

不過，**保持距離也意味著我尊重你，希望你也要尊重我**。既然我不想任意地操控對方，那麼對方顯然也沒有權利來干涉我。我曾經在某本書中看過這麼一段話。

「在發生於我身上的事情和對此的反應之間，存有一個空間，而且在這個空間之中，我有選擇的能力和自由，在選擇之中，存在著我的成長和幸福。」

在我十分憎恨我婆婆的那段時間裡，我晚上都睡不好覺，覺得痛苦不堪，因為在這個不和諧的關係中，我覺得自己真的無能為力，而且日復一日，我天天都必須面對我婆婆，這簡直可怕極了。所以我每天都不斷受傷，傷口也越變越大。然而，其實我並非什麼事都做不了，我有能力跟我婆婆保持情感上的距離。因此，當我保持距離之後，同樣的批評就傷不了我。然後，很神奇地，我與其他人的關係，也不再只是被牽著鼻子走，而是變得有更多的主導權。如果我能夠學會如何與婆婆好好相處的方法，那麼還有什麼做不到的事情呢？於是，我彷彿判若兩人，連跟以前不太喜歡的人，也能夠相處得很好。最重要的是，我變得更開心了。

希臘哲學家戴奧吉尼斯（Diogenes）曾說：「待人如待火，只要保持靠近時，不會被燒到，離開時又不會結凍就好。」如果希望彼此受到較少的傷害，如果希望變得幸福，而不受人際關係所困擾，那麼請保持距離。兩個人之間有距離，從來就不是件令人遺憾的事，而是會讓彼此感到自由而開心，如果你曾經有所體驗，就會明白這一點。

你我之間所需的最佳距離

肯定有一種最佳距離，不會讓人因為過於親近而受傷，也不會因為太過疏遠而感到孤單。

當我們從遠處眺望森林時，會覺得森林的樹木似乎是密密麻麻地排列在一起。然而，很神奇地，當我們走近一看，會發現樹木與樹木之間都存在著適當的間距，它們彼此之間是保持著一定的距離在生長。

我一直很好奇究竟原因是什麼？後來有一天遇到一位研究樹木的學者，經由他詳細的說明才得以解惑。原來若是樹木彼此太靠近，為了爭奪更多的陽光，就必須向旁邊伸展。然而，如果只是橫向發展，受限於空間，將無法長出更多的樹枝和樹葉，讓整棵樹木都變得更強壯，結果兩棵樹都會長不好，變得很細長，如此一來，即使面臨弱風也將無法承受而倒下。

刺蝟的兩難

人與人之間需要保持距離，一如樹木之間為了讓彼此都能順利地長成大樹，就要有適當的距離。然而，如果我們對一個親密的人提及希望彼此保持距離時，對方或許會產生一種誤解，以為說「你嫌我很煩嗎？」或者「你不再喜歡我嗎？」因此，越是親密的關係之間，越難談及想要彼此「保持距離」，因為一不小心可能就會對彼此造成深深的傷痕。

然而，從結論來說，**越是親密的關係之間，越需要為彼此保持適當的距離**。一如任何人都渴望依賴某人，但也都希望隨心所欲而獨立自主，這兩種需求會同時存在。雖然人人都想要透過人際關係去愛人和被愛，並且因此變得幸福，但是卻不希望因為這種關係而損及自己與眾不同的主體性或獨立性。

問題是當我們越是偏向親密或距離感的某一邊時，就會離另一邊越遠。而且，在人際關係中所產生的失望及挫折，通常始於一方想要靠近一點，而另一方想要保持距離。如果有人靠近自己時，我們通常會本能地後退一步，因為任何人都有一個不希望被別人侵犯的空間，也就是所謂的「私人空間」（personal space）。人們在搭乘客滿的電梯或擁擠的公共汽車時，所感覺到的不適感，也是來自於所有人幾乎緊貼在一起，而無法確保屬於自己的私人空間所致。

想像一下，假使對方太靠近我，那麼我可能會以為他想要完全依賴我或管束我，而感到害怕。相反地，假使我想要保持距離，一個人自由自在地生活，那麼對方可能會擔心被獨自拋下。因此，保持一段靠近也不會受傷，疏遠也不會感到孤單的距離，其實對彼此而言，都不是件容易的事。

哲學家亞瑟．叔本華（Arthur Schopenhauer）借用刺蝟的行為來解釋這種兩難的困境。在冬天，刺蝟為了藉由彼此的體溫取暖而互相靠近，但是彼此離得太近時，又會被對方的刺所扎傷。雖然受傷的刺蝟為了保護自己的身體會後退，但是寒冷使牠們又再度相互靠近。因此，刺蝟就不停地靠近又退開，來來回回地移動著。不過，分明有一種距離是可以感覺到彼此的溫暖，又可以避開寒冷的方法，於是刺蝟不斷試圖找到最佳的距離。

你我之間的最佳距離

首次提出了私人空間概念的美國文化人類學家愛德華．霍普（Edward Hopper），在《隱藏的維度》（The Hidden Dimension）一書中，談及四種類型的人際距離區，值得一提的重點在於他是透過各種實驗，提出人與人之間所需距離的具體數值。

首先，親密距離區（Intimate Distance Zone）是從零到四十六公分的距離，這是產生分享愛意、彼此較量、互相安慰、給予保護等行為的距離。相較於聽覺，觸覺或嗅覺等感覺，是主要的溝通手段，可以視為出現在諸如家人或情侶之間，彼此關係最為親密的距離。因此，當一個不是那麼親近的人突然侵入這個距離時，我們會感到卻步、緊張和焦慮，並且覺得受到威脅。換句話說，這是自我防衛的最小距離，所以它不能隨意侵入。

接下來的個人距離區（Personal Distance Zone）是四十六公分到一點二公尺。這是害怕接觸對方的人，彼此之間所保持的一定距離，原本是瑞士知名動物學家海尼・海第格（Heini Hediger）博士所使用的術語，指的是人與人之間大約一隻手臂的距離，也就是伸出手可以碰到對方四肢的距離，通常出現在與朋友或感覺差不多親近者的關係之中。相較於肢體接觸，屬於這一區的人，主要透過對話來溝通，在擁有適度親密感的同時，也需要維持某種形式的禮儀。當彼此有輕微的肢體接觸而靠得更近時，若對方神態自在，則可以感覺到好感。

社交距離區（Social Distance Zone）是一點二公尺到三點六公尺，這是超出了可支配範圍的距離。除非藉由特別的努力，否則它不會觸及對方，甚至也不會期望與對方接觸。此一空間主要適用於非個人的業務，具有正式和官方性質。由於不允許提及私人問題或肢體接觸，因此在對話時，也必須遵守適當的規矩和禮貌。在公司的辦公室或在寬敞的空間放置桌子，進行小型會議或聚會等皆屬之。

最後，公眾距離區（Public Distance Zone）是三點六公尺到七點五公尺之間，此為個人和公眾之間的距離，需要誇張的聲音和非語言交流手段，如手勢和姿勢。諸如老師與學生、演員、歌手或講師與聽眾之間，在演講和上課時所需的距離。

一如上述，愛德華．霍普雖然提出了四種人際距離區，但是他也強調說，隨著文化或個人差異，距離可能略有不同。在韓國，與人初次見面時，詢問對方「結婚了沒？」「有幾個小孩？」經常是一種問候的方式；然而，以西洋文化而言，這是種侵犯個人隱私，很不禮貌的問題。還有像韓國公司同事之間，往往以「一家人」來彼此稱呼，對於個人的私生活也毫不顧忌地詢問，這也是很大的文化差異。

本書中，我們主要想討論的是上述四種人際距離區中的親密距離區和個人距離區，因為我們人生中最重視的人際關係，都屬於這兩種距離區之內，若是未能好好處理這兩個距離區的關係，那麼其他關係也將無法好好維持。如果家人的關係不如朋友，彼此只能相對無言，那將是非常痛苦的事。在最親密的關係中，彼此卻相當疏遠，這分明是有問題的。相反地，如果有朋友硬要說：「我們之間不能有任何祕密。」基本上就是忽略了距離的舉動。

那麼，我跟家人、情人、朋友與公司同事之間，究竟應該保持多少距離，才是最好的呢？我們要怎麼做，才能透過人際關係感受到幸福，並且成長呢？我們在現有關係中，需要抽離什麼？又必須填補什麼呢？

保持距離的魔法

肯定有一種最佳距離，不會讓人因為過於親近而受傷，也不會因為太過疏遠而感到孤單。然而，我們就像刺蝟一般，雖然試著彼此接近一、兩次，但是由於受傷而感到痛苦，而不再試圖改善彼此的關係，因為我們擔心會再次受傷。但是，如果我們不能做好受到傷害的心理準備，就無法與任何人變得親近，也無法得到我們渴求的愛。

「爲了我們所認定最有價值的東西而活的方法是什麼？那是讓我自己變得太過透明的事，變得像水滴、玻璃一樣的透明。一種不欺騙自心的狀態。不怕被別人看透的狀態。不是就說絕對不是的狀態。曾經這麼做的人就會知道，這是相當令人膽顫心驚的事。因爲這是我們可以做到的極限。如果做到這個程度還是不行的話，那就表示這件事情眞的不可行。然後我才意識到勇氣是來自不斷顫抖的身體所產生的力量。」

這是韓國小說家金延秀在《說話不算話》一書中的一段話。**為了保護自己，以及我們在人生中所重視的東西，是需要勇氣的**。但要鼓起勇氣遠比想像中困難。如果試著保持距離，卻讓彼此變得更加疏遠，關係反而更加錯位，那該有多令人難過。但是，請試著勇敢一次，保持距離並不是變得疏遠，這當中意味著彼此尊重，因為藉由保持距離，我們將得以喘息，也會明顯地體會到關係變得更好的感覺。

在親密關係之中保持距離，雖然意味著尊重對方的選擇，但並不是指忽視對方的所有舉動，變得漠不關心。若是我們所愛的人真的走錯路，應該要阻止他，確實地告訴他為什麼不應該走那條路。不過，最後的選擇權還是在他身上。**無論對方做了什麼選擇，我們都會永遠守候著對方，這才是真正的保持距離**。因此，即便可能再次受傷，也要試著鼓起勇氣，一起學習如何保持距離的方法。

現在，在你和他之間保持適當的距離吧！兩人之間的距離，將會使雙方感到自由，又彼此想念。那麼，即使獨自一個人，你也會很開心，兩個人在一起，你也可以很幸福。這樣該有多好。

chapter 2

關於讓你我之間互相折磨的事情

〔擔心可能會被拋棄〕

你不再是一個無助的孩子

如今你已不再是一個無助的孩子，而是個成年人，有足夠的能力來保護自己。

「假使他變得討厭我，然後把我拋棄的話，該怎麼辦？」

如果在字典裡查「被拋棄」這個字的意思，會出現「一段關係單方面地被結束並遭到排斥」這樣的解釋。在這個簡短的句子中，充滿了我們最討厭的可怕話語。或許是因此之故，每個人對於被拋棄這件事，都會充滿恐懼。但是，對此特別感到害怕的人，為了避免被拋棄的悲慘狀況發生，會在不知不覺間將對方推開。因為在對方拋棄自己之前，先甩開對方，就能避免被拋棄的情況。然而，這無異於為了避免未來的不幸而放棄現在的幸福。

在可能被遺棄的恐懼背後，隱藏著自己不值得被對方所愛的自我貶抑與自卑感。認為由於自己是如此寒酸和微不足道，如果自己靠近別人，人們就會紛紛走避，最終會被人拋棄。這種恐懼將會成為人與人之間建立長久的人際關係，或是彼此相愛的巨大障礙。所以那些過於害怕被拋棄的人，往往無法親近自己所愛的人，總是只能單戀別人。因為他們害怕無謂的告白而被拒絕，所以乾脆防患未然。

有些時候我們會不斷測試我們所愛的人。一開始會想著「為了我可以做到這種程度吧？」從一些簡單的要求，慢慢變得強人所難。問題是，就算對方都聽從那些要求，我們有時還是會繼續懷疑對方，並且不會停止測試。然而，我們並不知道此舉來自於害怕被拋棄，而這種極度的不安全感，會讓對方感到厭煩。在談戀愛的時候，我們會因為自己日益增加的不安及疑心，導致無法好好戀愛。有些人會不斷地懷疑而導致對方離開，有些人則會一直更換對象，只能建立不正常的關係；在被拋棄之前就離開一個女人，然後再去找其他女人的花花公子，就是屬於這種類型。

他們因為太過於恐懼被拋棄，所以根本無法建立親密的人際關係。但是他們並不知道一個事實，那就是別人並不會因為他們被拒絕，就認定他們沒有被愛的價值，只會覺得是緣分未到，或是時機不對而已。

零至五歲兒童最常見的想法是什麼？

事實上，被拋棄的恐懼更近似於本能。零至五歲兒童最常見的想法是什麼？令人驚訝的，居然是「我會不會被父母拋棄？」的這種苦惱。所以不論如何都想要吸引父母的關注和愛護，其中任性和哭泣也是努力的一部分。但是，如果父母無視於自己的任性，或是哭得很傷心也得不到父母的安慰，那麼孩子會認為「也許父母不喜歡自己吧？」「如果父母不照顧我，把我拋棄的話怎麼辦？」並加深自己的不安全感。事實上，人類是出生後，若乏人照顧就無法生存下去的脆弱物種。其他動物在出生後幾天，甚至是幾個小時之際就能自行移動去找奶喝，或者是找東西吃，但是人類至少要三年之間，有人在身邊餵食、替自己洗澡和穿衣服，還要殷勤照顧才行。因此，一旦保護和關愛自己的對象消失，而獨留自己一人時，人類本能地會對這種事情感到十分恐懼，因為自認為如果被拋棄的話，也許會瀕臨死亡。

此時，照顧者有責任要消除孩子的恐懼。在嬰兒七到八個月大的時候，母親必須待在身邊，孩子才能安心，而且就算離開一下子也無法承受，這就是所謂的「**分離焦慮**」。分離焦慮會持續到三歲，最嚴重的情況是孩子在母親去洗手間的時候也會哭，所以母親只能跟孩子一起去洗手間或者是將門打開。如果母親總是對孩子做出反應並且給予安慰，孩子就算獨自玩耍，仍會相信媽媽不會逃走，並且會一直在自己身邊，也就是會加深基本信任感（basic trust）。

越懂得拒絕，人際關係反而會越好

然而，一個與父母沒有基礎信任關係的孩子，會按捺住自己的欲望，去做父母期望的事，並且害怕不那樣做的話，就會被父母拒絕。他們認為只有滿足父母的條件才能被愛，例如好好念書、做好父母交代的事、照顧好弟弟妹妹等。這個想法不僅止於與父母的關係，還包括認為其他人可能也會由於自己犯了一點錯誤，或是表現不好，而像父母一樣，因為覺得討厭而拋棄自己。

這種類型的人無法輕易拒絕別人的請求。因為拒絕是要表明自己與別人不同的意見，所以他們會害怕由於拒絕別人，而造成一段關係的結束。所以就算是因為朋友的拜託，或是同事的請求而造成自身陷入困境，也無法說出做不到這樣的話來。

對任何人來說，**拒絕都不是一件簡單的事**。因為不論如何，這都不是一種愉快的經驗。有時候，被拒絕的人會怨恨並討厭對方，拒絕的那方，也會因為認為自己是否太自私而感到內疚。但是大多數的拒絕，只是意味著不同意某項具體的提案或行動，絕對不是否認對方本身。朋友邀我吃晚餐而被我拒絕，可能是由於我已經有其他邀約；同事請我幫忙寫提案書而被我拒絕，可能是因為最近我自己的事情都多到必須加班。所以被拒絕的朋友會認為「原來你也很忙啊！」很快就會忘記這件事，同事可能也會想說：「都知道你忙成那樣，我還做了無理的要求！」而感到抱歉也說不定。然而，那些不懂得如何拒絕的人，認為一旦拒絕他人，就會發生很嚴重的事，害怕對方會討厭自己且不想再看到自己，所以花費諸多心思要完成對方的請求，甚至將自己該做的事往後推延，還取消與家人的約定，唯有如此才放得下心。

但是，為了滿足別人而讓自己陷入困境，或是明知道很吃力，還是答應別人的請求，並不是正確的做法。在不得已的情況之下答應別人的請託，不僅會讓自己感到心煩，還會埋怨對方，而且也可能連事情都沒處理好或是受到其他事情的干擾。因此，從一開始就拒絕無理的請求，才是正確之舉。因為如果是那種拒絕一次就會斷絕的關係，那麼這就是不論我再怎麼努力，有朝一日都會結束的關係。不過，在拒絕的時候，你應該要好好解釋一下情況，這樣就不會讓對方感到不悅。如果你無法說出自己做不到的話，那麼另一種方式就是不要那麼快就允諾別人。例如可以說「我會查一下詳細的工作時程再與您聯繫」等等，先爭取一點時間。

那些拙於拒絕別人的人，心裡總是會期待說：「如果我接受別人的請託，那麼對方應該會更喜歡我一點吧？」並且認為如果自己盡力而為，至少不會被拋棄。換句話說，由於害怕被拋棄，讓我們自認為「必須不斷努力才行」。但是，如果你任何事情都不懂得拒絕，對方反而不會感謝你。甚至還會厚顏無恥地認為，為什麼這次你不答應他的請託，而大發脾氣。因此，不論是基於什麼原因，都不能讓別人任意對待自己，也不能讓別人強迫自己去做不正當的事。從這個層面來看，拒絕其實含有自我尊重的意義，這是為了讓自己免於接受不正當的要求。

人們更喜歡那些明確而鄭重地說「不」的人。無法拒絕別人而持續被對方牽著鼻子走的人，會讓對方懷疑是否「情非得已才答應？」然而，如果是一個善於拒絕的人，一旦他答應幫忙，你會覺得他是出自真心誠意，並且十分感謝他。所以越是懂得拒絕，人際關係也會越好。

如果你仍然像個單憑自己的能力，無法去做任何事情的新生兒一樣，十分害怕被拋棄的話，那麼請仔細想想。如今你已不再是一個無助的孩子，而是個成年人，有足夠的能力來保護自己。所以沒有必要為此而膽顫心驚。不需要為了討人喜愛，而竭盡全力、戰戰兢兢地去做好每一件事。**讓我們去做一件過去因為接受別人的不合理要求，而被自己推延的事吧！**你應該更專注於自己真正想做的事情，你所渴望的不過是別人能夠愛那個真實的自己，現在請把這份愛留給自己。

〔金錢〕

你可以借給好朋友多少錢？

當你在苦惱著可以借出多少錢之前，必須先了解可以承受有借無還這種衝擊的額度有多大。

下班前夕，度過了一個無聊下午的智淑接到了一通電話。手機另一頭傳來她最好的閨密成熙啜泣的聲音，說是為了避免她先生的公司立即破產，不知是否可以商借八十萬，還說公司現在有一個洽談中的合同，如果談成了，一個月內就會還錢，並且問她不久之前定存不是到期了嗎？不知如何回答的智淑，對於朋友的緊急情況無法置之不理，後來就把錢借給對方。

但是，原本以為會簽的合約泡湯了，說會還錢的日子也一拖再拖，轉眼間超過了四個月，智淑雖然了解她朋友的難處，但是她自己因為籌辦婚禮需要用錢，只好硬著頭皮打電話給成熙，但是對方只是不停地要求更多的時間。結果好友之間一瞬間就成為催促還債的債權人，以及請求多一點時間還錢的債務人的關係，這讓智淑感到十分難過。而且，她真的是為了要辦婚禮，不得不催促朋友還錢，對於借錢不還的朋友，因而感到不滿。

人們有時候想知道彼此之間的親疏程度，會聊到有關金錢的話題。「如果好朋友向你借錢，你可以借多少？」然後，大家苦惱了一會兒之後，分別說出自己所想的數字。每當我聽到這種聊天的內容時，都感到十分擔心，因為**將金錢與人際關係扯在一起，是非常危險的事**。例如智淑和成熙的多年情誼，就因為八十萬而突然疏遠了。但是，八十萬就可以證明彼此是真正的閨密嗎？如果只能借對方三十萬或十五萬元，難道就不算是朋友嗎？

人們對金錢往往有雙重標準，一方面羨慕有錢的富豪，另一方面又為無法挖苦他們而焦急不已。資本主義社會中幾乎沒有金錢無法解決的問題。沒有錢，首先就無法生存，必須有錢才能好好做人及維持生計，如果十分富有，甚至將擁有支配他人人生的龐大權力。金錢本身對我們生活的影響如此之大。因此，美國詩人卡爾．桑德伯格（Carl Sandburg）曾說：「金錢是左右自由、地位，以及所有罪惡的根源，也是幸福的界限。」

至今，我從未設定過人生必須賺多少錢的目標。只是，我並不希望過著被錢牽着鼻子走的生活。我並不富有。當我和出身貧困家庭的丈夫結婚時，起初還因為沒錢而寄居在娘家生活了三年。後來開始奉養公婆及撫育兩個孩子之後，如果夫妻兩人不同時工作賺錢，根本無法養家活口。幸好在我們克勤克儉之下，運氣不錯地買到房子，終於開始喘了一口氣。或許是因此之故，當我的醫生老公告訴我要自己開業時，我堅決表示反對。我告訴他說：「如果我愛錢的話，當初就不會嫁給你。」而且我們當時只要努力工作，就可以過著足以安享晚年的生活，所以我很擔心自行開業的決定過於冒險，因為並非所有的事業都能夠保證成功，如果失敗的話，豈不是又要過著被金錢擺佈的人生，因此感到十分不安。

但是，當我發現自己罹患帕金森氏症時，由於龐大的醫療費用，我無法再阻止先生開業。不過，在他擴張醫院的過程中，我也看到他好幾次因為遭到背叛而為錢奔走的模樣。當我經歷這些過程時，親眼目睹了金錢足以如何操弄人，也明白了人們在金錢面前，是多麼阿諛奉承和卑躬屈膝，沒有錢會讓人感到多麼悲傷，以及金錢多麼容易地破壞人際關係。

若要在資本主義社會中立足，金錢至關重要。但是，我始終認為無論有錢沒錢，我都不想過著受金錢擺佈的人生。如今，大家都活在這個上大學就要繳助學貸款的時代，每次聽到想結婚至少需要八十萬，想要培育一名子女至少需要八百萬，退休之後，夫妻兩人的老後生活至少需要千萬元以上的話，許多人都為之卻步，因為相較於所需的資金，我們所擁有的錢財遠遠不夠。但是，越是如此，我們越需要建立明確的金錢觀。**不論是否有錢，我們都必須確認自己想過什麼樣的人生，如此一來，就不會被金錢所操弄。**有些人即使要花八百萬，也希望能夠養兒育女，有些夫妻即使沒有千萬以上，也過得很幸福。相反地，有些人即使擁有上億，也不想生孩子，有些夫妻即使擁有千億，生活依然不太美滿。

若是不想成為金錢的奴隸，有幾件事情相當重要，首先是**經濟必須獨立**，也就是成為自給自足的人。如果我們完全依賴某人而活，就不可避免地會成為對方的附屬品。無論他對我多麼不公平，我都無法反抗，因為如果我離開他的話，就無法生存下去，所以只好犧牲自己的自由和權利，對他唯命是從。許多長期做家庭主婦的人，就是因為自己沒有能力賺錢，所以必須依賴丈夫生活。然而，家庭主婦其實具有共同經營家庭的責任，並且負責撫養小孩及操持家務，她們理應要求自己應得的分額，並且並充分享受自己的權利。

從這點來看，上了年紀的父母將他們的財產都交給處境困難的孩子，也是非常危險的事。如果父母已經把所有的錢財都分給子女，當然希望孩子會照顧自己，但是孩子卻不見得會關心他們的父母。況且，英國大文豪莎士比亞也說過：「如果父親衣衫襤褸，孩子可能裝作不認識，但是如果父親穿金戴銀，那麼孩子全都成爲孝子。」就算孩子有意願照顧年邁的雙親，也有可能經濟情況並不允許。因此，即使將錢財分給了孩子，也必須留下足夠讓夫妻兩人賴以維生的錢。

最重要的是，如果你想過著不會受制於金錢的生活，最好不要向人借錢或把錢借給別人。否則，你可能會像智淑一樣，同時失去了金錢和朋友。然而，人生在世，偶爾也會出乎意料地遇到需錢救急的人，每逢此時，當你在苦惱著可以借出多少錢之前，必須先了解可以承受有借無還這種衝擊的額度有多大。也就是說，一開始就只借出你肯為了朋友而損失的額度，唯有抱持著這筆可能要不回來的覺悟，最後即便情況出乎意料，也可以避免彼此的關係破裂。萬一你沒有借給對方他所需額度的錢，導致對方埋怨說我們的關係竟然不過如此云云，你也絕對不要心軟，因為如果對方真的是一個好朋友，就不會強求這種單方面的犧牲。

〔憤怒〕

如果你希望生氣之後，不後悔的話

我們會感到憤怒，其實是因為對對方有所期待，但是每個人都有權按照自己的方式來行動。

現今社會中，隨著心理學的日益大眾化和廣為人知，也引發一些誤導的情形。最典型的例子就是對情緒表達的錯誤觀念。「如果你忍住不發火，就會生病。如果你把脾氣發出來，氣就會消了，所以不論如何，要把自己的感受表達出來。」

那些接受扭曲的心理學知識的人，往往認為自己有權利對那些招惹自己的人發火。此外，現代社會還鼓吹說，人生只有一回，應該盡情享受當下，隨心所欲地過日子，如果不這樣做，未來勢必會後悔。

憤怒使得你我之間變得疏遠

但是，**如果發脾氣就是把憤怒的情緒原封不動地爆發出來，其實是非常危險的事**。所謂的憤怒，是指當某種期待或欲望無法滿足時，所產生的失控反應。這裡的關鍵詞是「失控」。憤怒具有瞬間毀掉眼前所有事物的可怕威力。某個患有憤怒控制障礙的患者因為非常生氣，甚至在高速公路上就打開車門跳了出去，因為他跟駕車的爸爸起了衝突，無法抑制怒氣，結果做出如此衝動的行為。

任何人都會生氣。發脾氣就像快樂或悲傷一樣，都是非常自然的情緒。因此，沒有理由認為憤怒就是修養比較差的人才會有的感受，並且因而感到丟臉或是覺得應該避免生氣。所有的感受都是我們內心傳達自己的訊號。所以，當你生氣的時候，應該要能夠深入了解自己內心「為什麼會這麼生氣？」

但是將憤怒的情緒以言語來表達，或是付諸行動，則是另一回事。沸騰的怒火會讓人瞬間失控，不僅傷人，甚至還會自傷。而且，憤怒還會引發更多憤怒。任何人如果受到批評，就很難理性地加以回應。最後，彼此就像發瘋似的，毫無節制地互相抨擊，甚至說出：「我再也不想看到你」的話來。結果，多年以來積累的情誼，就在一夕之間化為烏有。

為什麼我總是對細微末節的事情生氣？

人們傾向於認為自己是特殊、珍貴而良善的人。如果有人針對這樣的自我印象進行攻擊，人們就會產生憤怒的感覺，此即所謂「**自戀的憤怒**」。當別人貶抑我的成就，或是說我的壞話、不給我所渴求的愛時，我們就會生氣地說：「你憑什麼看不起我？」然而，一個自尊心很弱的人，往往只要受到非常小的傷害，就會大發脾氣。明明只是一時不留神，沒看到所以才沒跟他打招呼，結果他卻覺得自己被忽略而生氣；其實只是因為開會中而沒有辦法接他的電話，結果他卻認為我是故意躲他而發火。即使對方並非故意如此，但是由於自卑感作祟，往往讓人無法看清楚實際情況。

此時，我們必須回想一下，我們是否堅持認為這種情況應該按照自己的意願來做。這個世界原本就不會依照我們個人意願來運行。然而，我們會感到憤怒，其實是因為對對方有所期待，但是**每個人都有權按照自己的方式來行動**。所以，僅僅因為對方不合我意，讓我看不順眼，認為他應該改變而沒有改變，就對他發脾氣，這樣一來，只會讓彼此的關係日益惡化。而且，在這種情況下，我們往往會認為被對方忽視，結果受傷的反而卻是自己。因此，當你生氣時，必須好好想想，自己是否只是針對那些永遠無法改變的部分感到憤怒。唯有如此，即使對方做了一些不合你意的事情時，你也不會失去理智，而能夠客觀地去看待這種情況。

懂得好好管控脾氣者，人際關係也比較好

你生氣了嗎？每當此時，情緒總是難以控制。所以，首先你應該讓自己消消氣。面對衝突矛盾的情況時，你可以暫時退後一步，或者去散散步、聆聽自己喜歡的音樂，讓自己平靜下來。**如果能夠學會如何讓自己沉澱情緒，那麼未來遇到這種情況，你也能夠有信心在不會太激動的狀態下解決問題**。

然後，接下來你必須考慮是什麼讓你心煩意亂，並且仔細想想該怎麼做才是解決問題的最佳途徑。因為無論對方如何激怒我，我都沒有權利隨便對他發脾氣。古希臘哲學家亞里士多德曾說：「任何人都可能生氣。這是很容易的事。但要針對正確的對象，以適當的程度，在正確的時間，以正確的目的及正確的方式來發脾氣，卻是件難事。」

即使需要花費一段時日，我們還是需要找到正確的方法，因為我們並不想要與對方恩斷義絕，而是希望未來彼此仍然可以保持良好關係。所以，我們必須盡可能地尊重對方，告訴他為什麼我會生氣，以及我認為什麼是不妥當的事。此時，最好只聚焦在那些讓我感到生氣的言語或行為，並且最好使用「我希望你能這麼做（wish）」的說法，而不是用批評的口吻說「你應該這麼做（should）」。例如，與其用批判的口氣說：「你應該多幫我

一點忙才是。」不如以期待的口氣說：「如果你能多幫助我就好了。」如此一來，既不會傷及對方的自尊心，也可以溫和地傳達出自己的想法。劃出界線也是一個好主意，如果對方的言行舉止有一些我無法容忍的部分，應該要告訴對方，並拜託對方盡可能不要做，因為這是對方絕對不會改變之處。

如果你學會如何好好管控脾氣以解決問題的方法，那麼即使與人爭吵，也不會走入極端，而能夠有信心地做出更好的選擇，如此一來彼此的關係也可以變得更加深厚。

〔期望值〕
停止為了滿足他人期待而活的人生

適當的期望雖然是會讓人心情愉快而創造成就的驅動力，但是過度的期望反而會帶來負擔，讓人動彈不得。

這是我之前在韓國的國家精神病院（現已更名為國家精神衛生中心）工作時所發生的事。有一天，某個學妹非常開心地跑來找我。我問她怎麼回事，她說是因為她負責照顧的患者病情快速好轉了。我對著滿心期待著被讚美的她說：

「不要高興得太早。上升的飛機可能即將墜落。」

學妹聽了噘著嘴質問我為何這麼說；然而，不久之後，患者的症狀突然惡化，讓學妹無法接受這個事實而難過不已。

這是大多數精神分析治療的新手醫師都會經歷的過程之一，也就是陷入所謂的「**救贖幻想**」，亦即相信藉由自己的努力治療，患者的病情也會隨之好轉，而且終將痊癒。我也曾經處於像我學妹一樣的情況，甚至還因為患者未能好轉而自責，並且苦惱不已地向學姐問道：「我如此努力地治療患者，為什麼他沒有好轉？這是我的問題嗎？」學姐告訴我說：

「金醫師，在患者的人生中，還有像妳這樣認真傾聽他心聲的人嗎？就是因為沒有這樣的人，所以患者才會來找妳呀！這就夠了，不要以為患者可以依照妳的意思來做，即使妳竭盡全力，結果如何也是操之在患者手中。」

我這才了解到，醫師並無法隨心所欲地改變患者。無論醫師再怎麼努力，如果患者本人沒有想要好轉的意志，無法自我改變的話，別人說什麼都沒有用。從此之後，我也都告訴學弟妹們，不要將患者想像為希臘神話裡的比馬龍（Pygmalion），可以隨心所欲地加以雕琢；**精神分析治療的目標，只是盡可能地減輕患者的痛苦，而不是改造患者**。

試想一下，如果有人說要幫助你，然後對你說：「你這樣做錯了，應該要改掉才行」的話，不是會令人起反感嗎？即使是再怎麼為對方著想的事，對方是否遵從，決定的選擇權都在他自身，我們都必須尊重他。

人際關係也是如此。**並不是說我全心全意地去愛對方，對方就會愛上我**。不管我做得如何盡善盡美，他都可能不愛我，這是無可奈何的事。孩子也可能不如我所願地長大成人，這也是無法控制的事。但是如果因為愛一個人，就希望對方按照我的意願來行動，期待對方滿足我的所有需求，那麼就會發生問題，因為對方在不知不覺中，會為了滿足你的期待而產生負擔感，並且做出無關乎自己意志的行動。

有一天，我偶然地看了一個叫做《英才發掘團》的電視節目，裡面有個孩子引起了我的注意。這個孩子說他很喜歡寫習題本和學習單，但是當他解不出導演所出的題目時，立刻皺起了眉頭，顯得十分痛苦，接著突然躲進房間的衣櫃裡。這孩子該是有多麼痛苦，在衣櫃裡不停地敲打自己的頭。於是媽媽忙著安慰他，導演也問他理由，但是這個孩子始終都不想離開衣櫃。媽媽後來實在看不下去，所以帶著她的孩子去找精神科醫生，醫生問他說：「聽說你很會讀書，可以告訴我，你最拿手的科目是什麼嗎？」孩子回答說：「我會算乘法，也會混合運算，但是只有加法和減法的混合而已。」如果六歲的孩子會乘法，應該會感到十分驕傲才是，為什麼他會答說不過如此而已呢？醫師問他為什麼？孩子則回答說：

「我認為我應該可以做更了不起的事。」

「你為什麼想做更了不起的事呢？你現在就很棒了呀？」

「我想讓別人看到我做得更棒。」

這個孩子想讓別人看到自己表現優異的一面，但是又預期自己做不好而擔心不已。他害怕如果答錯了，會無法符合媽媽和人們對於他是個聰明孩子的期望。醫生問他寫習題是否真的很有趣？他答道：「我並不想寫，但是媽媽說她會很失望、很失望。」他反覆說了兩次。醫師問孩子是否知道失望這個兩個字的含義時，他回答說：「讓我舉個例子看看。就像有一個人約另一個人在晚上九點見面，結果其中一個人遲遲沒有出現，讓另一個人感到很難過。」當醫生想要進一步再跟孩子多說一些話時，孩子轉過身去，望著窗戶暗自流下眼淚。於是醫師對這個不想讓媽媽失望的孩子說：「比起知道你有沒有答對問題，我更想知道你的心情好不好？」結果孩子聽完就嚎啕大哭起來。

這位媽媽並沒有催促孩子讀書，但是如果孩子答對問題時，就會很開心，當別人稱讚孩子時，就會很高興。越是如此，孩子的心情就會跟媽媽越不一樣，他會產生了不能答錯問題的強迫觀念。表面上看似喜歡解題的孩子，內心其實總是擔心媽媽對自己感到失望而顫抖不已。

適當的期望雖然是會讓人心情愉快而創造成就的驅動力，但是過度的期望反而會帶來負擔，讓人動彈不得。結果變成無論自己喜歡與否，只為了取悅對方而做。所以那個孩子只不過是一道題答錯，就躲進衣櫃不肯出來，其實也不是無緣無故的舉動。

不過，問題在於「哪一種程度的期望才算合理？」我們期待某人做某事時，其實是因為覺得跟對方很親近，或是想要更親近他，所以我們不知不覺地抱持著「如果我這樣做，他會很開心。」的期待。然而，期望越大，失望也會越大。如果對方未如期待地感到開心，那麼我們就會難掩失望地說：「我這樣做究竟是為了誰？」即便我們很清楚這種期待讓人很難受，但是往往不會嚴肅地看待它，並且認為自己的期望是出自善意。然而，越是如此，我們越應該先想想對方是否想要這種期望。

出現在電視裡的這個孩子，其實並不喜歡寫習題本，只是為了討媽媽開心而做。站在媽媽的角度來看，她覺得自己從未強迫孩子讀書，只是認為孩子很會解題，所以鼓勵他繼續去做這件事。當然，媽媽心裡也認為，假使孩子學業優異，將來可以去念一所好大學，對孩子會有幫助。即使她佯裝並無此意，但還是希望孩子的人生依照自己的規劃來走，並且認為這樣才是好的。所以她不會對孩子說出：「如果你不喜歡，可以不要解題」的話，也不會詢問孩子的感受。最後，媽媽任由孩子在這樣的強迫觀念下受盡煎熬而悔恨不已。

我們若是認為自己喜愛的東西，所愛的人一定也會喜歡，那絕對是一項失策。因此，即使是默默地要求對方依照你的意思來做，也絕對不可以。此外，當對方不符合你的期望時，或許你會感到失望，但是卻不應該責怪對方。因為這是你無法左右、無可奈何的事，所以**只能接受它，這才是真正尊重對方的法則**。

不論在任何情況下，我們都應該先尊重對方，而不是期望對方。我們必須牢記一項事實，那就是未能順著自己本意，而是為了滿足別人的期望而活的人生，是不幸福的人生。

〔過去的傷痛〕

過去的不幸不代表一輩子都如此

無論幸福與否，逝者已逝。即便過去曾經有人讓你承受了莫大的傷痛，現在的你也沒有理由註定不幸。

當我看診時，常常覺得坐在我面前的患者，好像穿著太空衣似的。那些童年受過重創的人，由於過去的傷口大到讓他們無法承受，導致他們現在對小小的傷口也很敏感。為了保護自己免於現實中的危險，他們就像穿上了太空衣，阻絕了所有外部的刺激，唯有待在太空衣裡，才能感到安心。

不幸的是，與太空衣連接的氧氣筒，**充滿了過去的點點滴滴**。因此，患者們雖然活在現在，卻沉浸在過去的時光，活在以往的傷痛之中。他們雖然為了避免受傷而穿著太空衣，卻無法真的擺脫創傷。不過，他們也沒有勇氣脫掉太空衣去面對現實，因為無論別人再怎麼強調說沒關係，他們還是認為外面的世界充滿了危險。

有些患者雖然不會穿上太空衣，卻會抹除過去的記憶。因為以往的傷口如此痛徹心扉，讓人難以承受，所以為了擺脫它，乾脆選擇完全抹去這些記憶。他們抹去了不開心的童年，甚至還說「我們家很和睦」，因為他們扭曲了記憶。然而，過去的傷口依然存在。像這種將過去未能解決的痛苦回憶埋藏在內心的做法，總有一天會以某種形式爆發開來，然後折磨著我們。尚未解決的過去將會成為「未完成的經驗」而侵蝕著現在。

年幼的孩子顯然沒有能力去保護遭父親毆打的母親；因為不是兒子而遭到冷落的女兒，也只能緊緊抓住母親苦苦哀求；面對不能容許絲毫錯誤的父親，孩子也只好在戰戰兢兢的情境中成長。但是，一旦孩子長大成人，情況就會改觀，他將可以壓制住那個只要發起脾氣就把所有東西砸爛的父親，也可以在重男輕女的母親面前宣佈獨立，與孩提時期無力抵抗，只能逆來順受的情形截然不同。因為即便不借助任何人的力量，成年人也足以自我保護。如果自己能力不足，也可以向別人求助，實在無計可施時，也可以採用三十六計走為上策。因為成年人已經不再是沒有父母，就無法做任何事、微不足道的個體了。

不幸的是，來找我的患者們通常並未正視自己已經長大成人的事實。他們仍然以孩提時期的創傷沒有人會在意為藉口，緊緊鎖住自己的心房，始終停留在當年那個孩子的狀態。結果人格就不再成長，甚至停止發展。當然，那個內心的小孩也不斷努力地想要擺脫痛楚。他們會嘗試回到過去的狀態，把曾經讓自己受傷的記憶抹除，或是想讓過去的情況以不同的方式重現，藉此來克服創傷。但是，由於那個內心的小孩依然試圖以過去的方式來解決問題，所以不但問題沒有化解，甚至徒增痛苦。我們總是不知不覺地重蹈覆轍，便是因此之故。

我們必須仔細想想，為什麼自己總是會重複地愛上相同類型的人，頻頻在人際關係中犯下類似的錯誤，甚至即便自己喜歡的人釋出善意，卻先拒人於千里之外。從表面上來看，可能有很多原因，但關鍵是內心那個受傷的小孩。若是如此，我們就不該一直對那個內心的小孩說：「如果你遇到別人就會沒事」，做出這種無謂的期待，而是應該**幫助這個內心的小孩說出自己的痛楚何在**，**並且幫他在傷口上塗藥**。唯有如此，他才能夠擺脫過去的創傷，全心全意地去愛人與被愛。如果我們因為過去的痛楚而錯過了愛情和幸福，那不是很冤枉嗎？

無論幸福與否，逝者已矣。即便過去曾經有人讓你承受了莫大的傷痛，現在的你也沒有理由註定不幸。許多人雖然過去曾經遭遇挫折，但是他們卻能夠好好擺脫過去，並且跟不錯的人共同擘劃未來。也就是說，就算過去不快樂，也不意味著現在就會過得不幸福。因此，埋怨那個傷害你的人，將所有問題都歸咎於此，其實是相當愚蠢的事。這麼做並無損於那個傷害過你的人，只會讓你自己更加受傷而已。現在你需要做的，就是脫掉太空衣，面對過去的創傷。

有一天，當某位患者終於面對自己的傷口，並且自我治癒時，突然有感而發。他說過去總是以為從他們家走到公車站，需要一個多小時，其實只不過十分鐘而已。當他還是個孩子的時候，總是被人嘲弄，所以他只要走出家門，就很擔心會被人欺負，因為光是走在路上，就是一件令人害怕的事，即便不過短短十分鐘的時間，他也覺得好像過了一小時那麼久，因為那段時間實在太可怕了。然而，或許誠如他所言，過去的傷口不過是十分鐘的事情而已。他笑著說出這段話的愉悅神情，我至今仍記憶猶新。

〔比較的泥淖〕
不要給別人任意評判你的權利

那些連微不足道的事物也要跟別人比較，對那些無關緊要的事情悲喜交加的人，內在很可能是自尊心弱且自卑感強的人。

「難道你不能做得像你哥哥或姐姐一樣好嗎？」

「我朋友的兒子不論個性或能力都很好，在公司也頗有前途，你為什麼是這副德性？」

人生是不公平的。許多人就是含著金湯匙出生，成長在條件優越的環境。但是，讓我們更難過的是周圍那群「優等生」。因為那些功課好、運動強，樣樣精通的兄弟姐妹，以及無憂無慮且才華出眾的媽媽的朋友的小孩，總是讓我們相形見絀，成了劣等生。這樣的比較之下，讓人變得畏縮及抑鬱，這就是我們討厭被比較的原因。

但是，為何人們總是不停比較呢？無止境地與他人比較的心態，來自於我們希望比別人處於更具優勢的位置。因此，我們想確保自己比他人更受喜愛和認可。

從這個角度來看，比較心理幾乎可以說是一種本能。小嬰兒無法用自己的力量去做任何事情，但是他的兄姐們不但個子比較高，也可以隨心所欲地做很多事。所以小嬰兒本能地會羨慕並嫉妒他的兄姐們；同樣地，兄姐們第一次看到小嬰兒的反應也是如此。因為剛出生的弟弟突然搶走了母親的懷抱和乳房，奪走了整個家庭的愛與關注，所以兄姐們會多討厭小弟弟呢？從此之後，在人生的旅程中，就有無數的比較不斷地試煉著我們。

然而，我們雖然口頭上說討厭比較，但是在訂定人生目標時，又會自然而然地進行比較。如果你認為「既然如此，不是理所當然地想要聽到自己比別人更強的話嗎？」「我絕對不想聽到自己不如人的話，這樣多傷自尊心呀！」的話，代表著無論如何你都站在比較優勢上，並且有著優越感。

一旦體驗過優越感的人，某一瞬間就會陷入比較的泥淖之中，並且相信證明自己價值的唯一途徑，就是向人炫耀自己有多麼了不起。對於那些擺出一副「你現在知道我有多厲害了吧？」而不可一世的人來說，其他人只是競爭者，只是能為優秀的自己鼓掌叫好的觀眾而已，他們甚至還認為別人也有同感。

這些人往往習慣凡事都要比較，即使是十分瑣碎的事物，也要與他人競爭，還會為了無關緊要的事情悲喜交加。雖然對他們而言，比較是非常自然的事，但是真正自尊心強的人，則不會這麼想。首先，他們並不會將贏過別人當成人生目標。對他們來說，比較不過只是事情的結果。況且，他們光是為了完成自己既定的人生目標，就已經忙得不可開交，所以不明白為什麼要拚命去跟別人比較。因為他們認為花費精力去比較，對自己的人生毫無幫助。此外，對他們而言，其他人是隨時可以信任和合作的夥伴，而不是最後必須戰勝或殲滅的對象。因此，並非每個人都拚命地跟別人比較。

由此觀之，那些連微不足道的事物也要跟別人比較，對那些無關緊要的事情悲喜交加的人，內在很可能是自尊心弱且自卑感強的人。因此，他們才會透過不停地跟別人比較來確認自己是個相當不錯，而且值得被愛的人。然而，越是比較，越會讓人感到沮喪。因為雖然想要保持自己的優越感，但是馬上就會有人超越自己，搶走所有鎂光燈的焦點。如果陷入這種比較的泥淖之中，就只會在意如何將別人的視線再度轉移到自己身上。對於無法立即見效、必須更加努力的事情，甚至會不屑一顧。此外，比較也會引發自卑感。本來自尊心就已經很微弱，越是比較越是發現更多的不足之處，反而讓自己深陷於自卑與自我貶抑之中。所以，陷入比較的泥淖是非常危險的事。精神分析學家阿爾弗雷德·阿德勒（Alfred Adler）曾說：「一個低估自己的人，會經常與他人做比較，結果反而讓自己感覺更糟。」

那些陷入比較泥淖的人即便成功也不會開心，反倒會因為擔心下次能否成功而備受煎熬，懷著那種「雖然這次我得到第一名，但是如果下次沒有第一名怎麼辦？」的心情。對他們而言，國文成績得到高分，遠不及數學成績不好更令人擔心，他們往往學業表現優異，但是缺乏社交能力；而且即使結果再怎麼好，一旦去跟更崇高的理想與自我來比較，就更會徒增痛苦。

但是，那些陷入比較泥淖的人，不知道如何停止比較。他們不知不覺間，早已習慣做比較。為了停止比較，首先我們必須擺脫自己的價值取決於他人評價的想法；也就是說，自我的價值並不是別人可以隨意認定。此外，並不是每個人都擅長一切。因此，**我們應該放下那種只會羨慕和嫉妒別人有，而自己卻沒有的心態，然後仔細看看自己的優點，並努力維持**。如果我們只是一再擔心自己的缺點，只會讓自我陷入自卑而裹足不前。反而當我們培養自己的優點時，會產生自信，自尊心也會增強，然後逐漸走出比較的泥淖。

隨著自我滿足的經驗增加，也可以減少陷入比較的痛苦。人生的目的並不是領先別人，而是能夠有更多體驗、更快樂，變得更幸福。

〔獨立 vs. 依賴〕

為何你對於尋求協助有所顧忌？

我們不應該把獨立和孤立混為一談。獨立並不意味著不需要別人，斷絕所有關係只是孤立而非獨立。

幾年前，當我遇到某個學妹時，她馬上嘆了口氣。當時她正打算離開公司，聽到我建議她提出辭呈後，很開心地接受了。然而，當她提出離職申請時，上司們問她究竟遇到什麼困難，說會幫她加薪，並依她的願望，調換部門，央求她留下來。她捫心自問，想說自己何德何能，竟然造成周圍的人如此的困擾，覺得心情很沉重，決定休假去找朋友。當獨自苦惱了好一陣子後，她才小心翼翼向朋友吐露自己的煩惱，她的朋友也當作是自己的事情似的，傾聽她娓娓道來。然後她朋友說：「這個問題我們這麼做如何？」讓她突然覺得很感動。她認為這個問題理所當然是該「獨自」解決的事，所以當她朋友說出「我們」這兩個字時，讓她覺得十分感謝。於是我問學妹說：

「為什麼妳認為必須獨自決定？」

學妹用著這是理所當然的事，妳怎麼會問這種問題的表情看著我。她認為自己的問題當然要自己決定才對。我問她說，如果聽到「**我們**」這兩個字，就讓妳覺得很感動，表示妳真的很疲累，為什麼之前妳都沒有告訴任何人這些事呢？然後她淡淡地說，大家的生活都如此忙碌，她不想平白因為自己的事情來讓別人擔心。

為什麼人們不擅長尋求協助？

現代社會中，家庭成員長期一直為了賺錢而各分東西，至於在工作場合，別說是有人會保護我們，一旦自己能力不夠，就會遭到那種應該知難而退的眼神。因此，每個人都必須摸索出自己的生存之道，活在讓人絕望的「隨人顧性命」的時代。人們非常厭惡周圍那些麻煩製造者，甚至在連續劇或電影中，如果有某個演員飾演「麻煩製造者」的角色而被當成全民公敵時，就代表著該部作品已經成功得到大眾的認可。

過去，每次女主角處於危機中時，只要男主角「噔噔噔」突然出現，並且救出了她，觀眾就會歡呼不已。但現在若是同樣場面，女主角原本靜靜地待在原地，後來卻平白無故地強出頭，結果被敵人抓住而陷入危機，就會被觀眾辱罵為「愛搶戲的女主角」，並且討厭這種依賴男主角救援的女主角。相反地，觀眾更熱愛那種自力更生又獨立自主地去克服危機的角色，這也意味著人們將依賴視作一種相當糟糕的行徑。

為什麼人們會為認為依賴很不好呢？為什麼我們覺得一個獨立自主的人，是健康和理想的典型呢？這意味著尋求別人協助，就是缺乏自行解決問題的能力。亦即，在尋求協助之前，你必須承認自己能力不足，而這是讓人感到丟臉的事。人們在尋求協助時，時常會說「自尊心受損」，多少也隱藏著這層意思。他們也認為無謂地顯露出自己的缺點，以後自尊可能會被踐踏，所以別說是提供協助，就連接受幫助也敬謝不敏。

但是，想想看那些領導者。他們不僅不認為所有的事都應該自己做，甚至也不會為此感到羞愧。對他們來說，最重要的是快速發現他們自己不能做什麼，並找到一個優秀的人來處理這部分。當他們向別人尋求協助時，並不會覺得丟臉，而是認為只要支付對方適當的酬勞即可。如果領導者凡事都要親力親為，反而很容易搞砸事情，因為這個世界上並沒有任何人能夠做好全部的工作。

人類為了生存，不可避免地需要彼此。為了讓自己活下去，某種程度的依賴將不可或缺。也就是說，**依賴本身並不是件壞事**，唯一的問題只是依賴性過強或太弱而已。

不要將獨立與孤立混為一談

有些人非常害怕依賴。他們認為，當自己依賴某人時，就會成為對方的奴隸而受到控制，最後將會失去自我，所以無法忍受依賴他人。大多數這種類型的人自尊心都不高。

自尊是一種情感，來自於確信自己可以在任何情況下保護自己的信念。換句話說，在任何情況下，我都是自己生命的主人，我不會忘記人生是由我自己來經營。因此，一個自尊心強的人，並不會害怕依賴別人，因為他對自己充滿信心，有把握不會迷失自己。相反地，一個自尊心弱的人，由於擔心會失去自我，甚至不想依賴他人。

因此，**一個真正獨立而堅強的人，並不是凡事都自己完成，絕不依賴別人的人**。相反地，他是一個願意暴露自己的缺點，並且認為自己需要他人的協助。因為他們認為即使表現出依賴性，也無損於自己的獨立性。

然而，那些害怕缺點被別人發現的話，若是遭人踐踏該如何是好的人，絕對無法開口求援。他們反而會說：「我的問題，我自己解決。」然後婉拒別人的幫忙，試圖自行解決問題。但是，我們不應該把獨立和孤立混為一談。獨立並不意味著不需要別人，斷絕所有關係只是孤立而非獨立。

獨立不是斷絕關係，而是在關係之中能夠自立。當然，自行解決自己的問題並沒有錯。但是想要靠自己解決所有問題，則是相當不智的舉動，這才是真的浪費時間及資源。當你費盡心力依然不得其解時，最好盡快向周圍的人尋求協助。唯有如此才能縮短解決問題的時間，並且避免事前未能想到的錯誤，防患未然。如此一來，也可以朝著自己所期望的成功和發展，向前邁進一步。

假設你遇到苦惱的事情，試著去尋找你的人生導師。被稱為「導師」的人，通常意味著能力得到認可，而且大部分都樂於助人。在開展新業務時，去拜訪該領域的許多前輩也很重要。無論他們的經驗成功與否，多聽聽前輩的話，盡可能取得更多的資訊，再來下結論的話，將可以做出更明智的抉擇。對於那些覺得去拜訪「導師」很有負擔感的人而言，閱讀相關書籍也是一個好方法，因為可以在幾個小時之內，就獲得各個領域的專家們經過長年苦思之後所獲得的結論，真是棒透了。

人們有時會感到孤獨，但是事實上並不孤單。如果你稍微環顧四周，肯定能夠找到援手。而且，令人難以置信的是，也有些人迫切希望你伸出援手。雖然我們很容易把所謂的幫助想得很偉大，但大部分人需要的只是一句溫暖的話語、一道關愛的眼神和靜靜的擁抱，這麼簡單的事情。何況，人生不過就是憑藉著如此簡單的施與受而已。

chapter 3

”

對我而言

最重要的不是你，

而是我自己

為何你那麼想得到認可？

孩子在不知不覺間會感受到獲得他人肯定是非常重要的事，並認為自己應該脫穎而出，且絕對不能受到批評。

每個人都希望得到別人的認可。我想成為一個對他人有意義的人，想在別人的生命中扮演重要的角色。這是一種非常自然的本能，從設定某些目標並且努力實現這點來看，可說是非常積極的欲望。

然而，現代人太早去學習必須被他人認可才能生存的法則。隨著核心家庭的迅速發展，兒童過早就離開父母或家庭，被丟入社會環境中生活。不到一歲就交給保母或育兒機構照顧，除了上幼兒園之外，還要去上各種才藝班。換句話說，孩子過早就經歷到主要照顧者不斷改變的情況。在這個過程中，孩子們會認為唯有和父母親與其他人相處融洽，並且好好表現，才不會被拋棄。甚至父母每天也都會問：「今天有被老師稱讚嗎？」「跟朋友們有好好相處嗎？」「上課發表做得好嗎？」因此，孩子在不知不覺間會感受到獲得他人肯定是非常重要的事，並認為自己應該脫穎而出，且絕對不能受到批評。

在這種情況下，假使父母可以陪伴孩子的時間相當短暫，那麼一定要告訴孩子「做不好也沒關係，你已經是個相當可愛的孩子了。」或者要讓孩子能夠體會到被愛的感覺。然而，當父母唯有在孩子很聽話，功課很好才會稱讚他的時候，孩子就只會選擇符合父母心意的事情去做。此外，孩子也會試圖以父母所關心的事情為目標，竭盡全力去做，至於父母所討厭的事情，甚至連試都不想試。等於從一開始就放棄了去檢視自己的內心，尋找自己夢想的機會。

然而，無論孩子做得再怎麼好，都不可能完全滿足父母的高度期待。最後，孩子會覺得自己不過是個讓人失望的存在，而以負面的觀點來看待自己，造成令人遺憾的後果。

他人的認可和掌聲，隨時都會消失

在這種自尊心弱的狀態下成長的人，由於未曾以自己的原貌被愛，而是以別人所喜歡的模樣為典範，拚命地想要近似那個別人眼中的形貌，至於自己想要什麼並不重要。對他們來說，重要的只有比其他人更傑出、更有魅力、更會做事，並且受人尊重。他們的內心都隱藏著一個小時候未能充分被愛而受傷的孩子，為了被愛而把自己的未來寄託在別人身上，為了滿足別人的期望而硬是去配合別人的想法，彷彿若是沒有獲得別人的肯定和喜愛，就永遠無法成為幸福的人。

對他們而言，「這就夠了，你已經盡力了」的話，並不足以得到安慰。他們應該無條件成為最傑出，而且獲得眾人認可的完人。因此，他們十分執著於成功與否。雖然領先別人不過只是快樂工作的過程中所得到的結果，但是他們卻把它視為唯一目標。由於他們如此渴望成功，因此也同樣害怕失敗。即便不過失敗一次而已，他們卻玻璃心碎滿地，認為自己「一無是處」。但是，當今社會中，站在鎂光燈下的人如鳳毛麟角，其餘的人某種程度來說，都可以算是失敗者。

而且，當我們稱讚別人的時候，通常也是羨慕他人擁有的能力、智力、才華都勝過自己一籌。因此，別人給我的讚美和掌聲，隨時都有可能轉移到另一個人身上，因為我們無法總是發揮最佳的能力和才華。但是，對於過度倚賴這些讚美和掌聲的人而言，即便讚美和掌聲只是稍微消失，他們就會陷入極度的絕望。這種人就好比需要從外部供給燃料的蒸汽火車頭，列車的速度取決於外部煤炭的供給量，如果加入了大量的煤炭，火車就可以快速前進；倘若煤炭減量，列車的速度就會變慢，一旦停止供應煤炭，列車就會靜止不動。問題是，別人的認可和掌聲隨時都可能消失。那麼，他們將會處於不實的假象中，時常感到焦慮不安，結果只是徒留虛妄的軀殼。

為什麼我覺得整型手術令人感到遺憾的理由

這是之前某次我擔任某個電視談話性節目的來賓的事情。當時有一名婦女承認她對自己的鼻子感到自卑，並且在手術後恢復了許多信心。然後整型外科醫生就說幸好如此，但是我的想法卻略有不同。我認為「透過整型而重新找回自信固然值得開心，但是這樣也許會錯過了獲得真正自信的機會。」因為每個人都希望以自己的本來面目被愛，並且透過這種愛來強化自尊心。然而，如果我們接受了整型手術，將會永遠錯過這種以自己的原貌被愛的機會。或許目前對鼻子的自卑感可能會消失，但是這種自卑感轉移到另一部分的可能性極高，屆時，就不得不再去做其他部分的整型手術。

那些過度依賴他人表彰的人也是如此。任何人得到其他人的認可，都會產生自信，而且不知不覺地認為自己已經成為一個更好的人。但是，**如果只是一味地依賴他人的肯定，努力地想要展現出別人所期待的模樣，那麼最終將會失去自我，變成不是為了自己而活，徒留一個依照別人所想像的軀殼而已**。更糟糕的是，一旦對我的讚美和掌聲轉移到別人身上，那麼我將一無所有。

此外，若是屬於這種必須具備某種條件，或者再多做些什麼才能夠建立的人際關係，勢必會令人感到疲累。因此，對於那些渴望得到認可的人而言，雖然他們希望得到別人的讚美，但是同時也會因此飽受煎熬，因為在這種關係中，無法產生真正的愛情或友情。所以**我們必須先放下唯有獲得別人的肯定，自己的存在才有價值的想法**。如果連我都不愛自己，認為自己沒有價值，那麼即使得到別人的認可，也會覺得自己似乎必須再多做些什麼，而一再陷入痛苦焦慮的惡性循環之中。

如果你覺得直到目前為止，都是為了獲得別人的稱讚，而比任何人更努力地做到盡善盡美，那麼首先應該好好鼓勵一下自己，因為這不是任何人都做得到的事情。然而，假使這樣的努力讓你在瞬間陷入絕望的泥淖之中，那麼請將它視為應該逃出這種徒留假面人生的信號。你真正想要的東西，不是必須付出更多才能得到的愛。曾經有位病患告訴我，當他似乎能夠不再在乎別人的目光時，覺得真是「輕鬆極了」；同時，他也列出了一些至今未能實現，但真正想做的願望清單，並且對於自己一直擱置這些夢想，究竟為了什麼而活，感到百思不解。如果你覺得自己無法從別人的視線中解脫出來，那麼我建議你先列出自己的願望清單，至少這將成為讓你了解自己過去究竟錯失了什麼的寶貴機會。

這絕對不是我的錯

無論你再怎麼努力，都有一些無力改變的狀況，你必須承認且接受這個事實。

每個人都有失誤或犯錯的時候。如果因此傷害了別人，當然應該道歉，並且不論如何都要試著彌補對方的損害才行。然而，有些人除了自我反省之外，還會過度苛責自己，總是跟自己過不去。

例如，假設孩子上的幼兒園發生火災，導致孩子受了傷，那麼主要責任顯然在幼兒園身上，但是有些母親卻責怪自己將孩子送到那所幼兒園。雖然發生事故的風險依然存在，但是她認為孩子受傷，是因為她將孩子託育在此的緣故。再者，假設有個先生發生了意外，婆婆卻跟她的兒媳說：「這都是妳造成的。如果沒有像妳這麼倒楣的人嫁到我們家，這種事情也不會發生。」如果兒媳因為這件事故與自己全然無關，所以感到生氣，那是十分正常的。但是如果她說：「這完全是我的錯。」並且像個罪人似的低下頭來，就是過度自責了。這種對於並非自己所為，或是自己無法控制的事情感到內疚的情形，其實大有問題。

為什麼我認為一切都是我的錯？

內疚感是一種在經歷無法承受的事件後，為了能夠擺脫而生存下來，所產生的一種情感。然而，內疚是比憤怒更令人痛苦的情感。法國精神分析大師雅克・拉岡（Jacques Lacan）認為內疚感是：「感覺自己內在有第三人稱的存在。」想像一下，即便我本身已經忘記，但是還會有另一個我出現，提醒自己是多麼丟臉和可恥的存在，這該有多麼可怕啊！而且，這種內疚感一旦產生，將會一輩子如影隨形，不斷地折磨自己，認為像我這樣的壞孩子就應該受到懲罰，而自我束縛，就連變得幸福的話，好像也會遇到麻煩似的，讓自己陷入困境。

我在之前出版的書中曾經提過，我有一個大我一歲的二姐。然而，有別於非常害羞和寂寞的我，我姐姐在各方面都很出色，總是眾所矚目的焦點。所以，我很敬仰和羨慕我二姐，同時也很埋怨她。我常常覺得：「如果沒有二姐的話，大家就會關心我了。」所以曾經希望我二姐最好能夠消失不見。

然而，在我高三那年，我二姐真的死於交通事故。這件事對我造成莫大的衝擊。我認為由於我曾經希望她死掉，所以她才會遭此橫禍。這份內疚感導致我對於姐姐的死，也無法好好地發洩悲傷的情緒，後來對任何事情也都無法感到開心。我不顧家人的反對，決定去念醫學院，某種程度上也是想藉此來償還對姐姐死亡的虧欠。而我決定嫁給窮人家出身的先生，也是希望透過這樣的犧牲和奉獻，能夠減少一點自己的內疚感。這樣的情緒跟隨我相當時日，擺脫這個枷鎖真的比想像中還要困難許多。

在精神分析治療過程中，經常可以看到因為內疚而感到十分疲累，並且出現負面治療反應的患者。他們認為自己接受治療後，病情不應該好轉，因為自己是一個該受到處罰的人。如此這般，一旦你成為內疚感的奴隸，某一瞬間就會習於這種困頓又痛苦的情形，並且認為自己罪有應得，而且唯有如此才能夠減輕一點內疚。

怎能做才能擺脫內疚的枷鎖？

為了擺脫內疚感的枷鎖，我們需要知道的是，**無論我們多麼內疚，我們都永遠無法改變過去**。因為內疚是想要改變過去的一種嘗試，是希望事情如果沒有發生該有多好的一種徒勞無功的做法。當我意識到無論我再怎麼內疚，再怎麼折磨自己，我的二姐也無法死而復生時，我才能夠承認姐姐的死，並且感到悲傷而走出陰霾。

此外，人生過程中總有些不可避免的事情。無論你再怎麼努力，都有一些無力改變的狀況，你必須承認且接受這個事實。如果你日復一日地持續被過去的痛苦所牽絆，覺得唯有透過自己受到折磨才能釋懷的話，那我也無話可說了。但是，如果你因為過度內疚而覺得生命失去意義，感到非常害怕而希望有人拉你一把的話，那麼我想告訴你，那些事情並不是你的錯，所以你現在可以停止內疚。

當你為自己做出選擇時，不要感到抱歉

當我為了自己做出選擇時，沒有必要對任何人感到抱歉，因為即便做出了錯誤的選擇，也是要由我自己來負責。

我們生活在一個失去自尊心的時代。**所謂的自尊心是指如何自我評估，以及愛自己的心**。大部分人多少都有些自卑感，對自己有些負面評價。根據韓國Alba天國網站去年一月針對二十世代所做的調查，百分之四十的受訪者表示他們的自尊心很低。

或許正因如此，我在公開場合演講時最常被問到的問題也與此有關。

「所謂的愛自己，究竟是什麼意思呢？」

大家都想知道具體的方法。雖然你可能會認為究竟是有多苦悶，才會問出這樣的問題，不過「愛自己」並不如想像中容易。

小學的時候，我很害怕上學，因為我覺得自己個子很矮、功課不好，也長得不漂亮，應該不會受其他孩子們的歡迎。但是，奇怪的是，即使我後來成為一名學業成績優異的好學生，我也認為自己無法做到這一點。此外，即便我不過是長相平凡而已，但是我卻認為自己其貌不揚。

這或許是因為我從小在家裡就是一隻醜小鴨吧！我二姐不但臉蛋長得漂亮，功課又好，是個人見人愛的小孩，而我則是完全不受重視。我一直被拿來跟姐姐比較，因此也經常聽到別人說我長得不好看。

所以我曾經很討厭自己，又醜、功課又不好、個子又矮……簡直一無是處。由於這樣的自卑感作祟，每當有人說應該要愛自己，責備我為什麼做不到時，我又能怎麼做呢？我有辦法接受這樣的建議嗎？所謂的愛自己，果真是用幾句話就可以解決，這麼簡單的事嗎？

因此，當我看到深陷於過去的傷痛而無法自拔的患者，見到無法克服自卑而自殘的人時，無法輕易地說出我能夠懂他們的心情的話來。因為對他們而言，痛苦仍然是現在進行式，而不是過去完成式。

阻撓我的最大敵人，或許是我自己

雖然每個人都會受到傷害，但是並非任何人都會因為受傷而一蹶不振，感到絕望而怪罪及埋怨世界。然而，大多數無法擺脫創傷而站起來的人，都比其他人經歷更多負面的事情。即使他們跟其他人經歷相同的事情，也會對事情有負面的評價，甚至對於正面的事件，也會產生負面想法，始終抱持著悲觀的態度，如此一來，就沒有值得高興的事，全都是令人不愉快的事了。

樂觀的人，他們的正面思考和負面思考的黃金比例是1.6：1。然而，那些無法擺脫創傷的人，卻連正面思考也會被負面思考所驅離。「人活著真的好累；我好脆弱；我的人生無法如我所願，簡直一塌糊塗；我討厭我自己。」結果，他們連自己存在的意義都加以否定，認為自己是一無可取和毫無價值的人。

那些對人生持負面態度的人，每當面臨新挑戰時，會太快做出「我不能做」的決定，因為他們認為這是保護自己不再受傷的唯一方法。由於擔心自己可能會因此摔倒而受傷，所以他們不會騎腳踏車；由於害怕被拋棄，所以可能會錯過一場新戀情；由於害怕會失敗，所以也錯失了機會。

然而，只要活著，不管我們如何期望，都會發生不愉快的事情，這就是人生。無論一個人能力再怎麼出眾，都無法避免不幸。這意味著不論再怎麼努力，也沒有什麼辦法可以完美地阻止傷害的事故發生。雖然他們認為自己建造了一堵牆，可以避免受到外界的傷害，但事實上只是製造了桎梏心靈的牢籠。所以，**或許那些無法愛自己的人，最大的敵人**

就是自己也說不定。雖然他們說自己無法相信這個世界，但那是因為他們不相信自己的緣故。

自尊心弱的人最大的錯覺

那些總是自貶的人，最大的誤解就是覺得必須把凡事都處理妥當，必須更加努力以取得成功，才能被愛。十件事中，即便他們做好了九件，但是如果剩下的一件沒做好，他們就會一直想到這件事，並且自責說：「為什麼我這麼糟糕？」就算周遭的人告訴他說：「做到這樣已經很棒了。沒關係啦！」他也完全無法釋懷。他們夢想著呈現完美和理想的模樣，不斷地鞭策自己。如果這些努力沒有辦法得到別人的肯定，他們立刻就會陷入自我貶抑的泥淖之中。

但是，那些自尊心強的人，真的就這麼完美，並且懂得愛自己嗎？不是的，世界上沒有完美無缺的人。每個表面看起來完美的人，都有不足之處，只是自尊心強的人，不會為自己不完美而感到羞恥。他們認為自己雖然有些欠缺和做不好的部分，但仍然是值得被愛的人。所以他們並不會想要隱藏自己的真實形貌，也不擔心自己的弱點被發現。即使微不足道，仍然珍惜自己的人生，即便走在陌生和危機重重的道路上，也一無所懼，而能夠堂堂正正地邁步向前。日本作家曾野綾子（Ayako Sono）認為這樣的人才是真正有魅力的人。

「人在活出自己時最有尊嚴，而且最能散發出光芒。當我們活得不像自己，而是試圖模仿某人或是某件事的瞬間，就會喪失與生俱來的光采。魅力十足的人，往往能夠欣然接受自己被賦予的人生重擔。他們不會逃避現實，也不會躲藏起來。每個人都必須扛著自己沉重的負擔活下去，而承受負擔的多寡，將決定我們人性閃耀的程度。」

「So, it's me」的力量

當患者接受治療時，有一個信號顯示他們正在走出創傷。這個徵兆會出現在他們臉上。即便不是很漂亮或英俊的人，一旦他們臉上散發光芒時，看起來都很有魅力，而且整個人變得脫胎換骨。果不其然，每當此時，他們就會說「是的，那就是我。」（So, it's me.）

當你察覺到潛意識中的傷口，並且找到傷口的根源而重建記憶，可以**毫不隱藏地展現自己時**，就可以說出：「是的，那就是我」這句話來。這是你可以接受傷口也是自己的一部分，並且變得平靜的開端。然後，你將不再受制於過去，而可以活在當下。唯有如此才能活出自己的人生。

如果能夠像這樣認識到自己的「本來面目」，將會發生令人驚訝的事。無論別人說什麼，你都不會再任人擺佈。當你試圖隱瞞自己的缺點，害怕自己的不足之處被人發現而提心吊膽時，會讓自己顯得很卑微。然而，當你願意承認「對！那又怎樣」，而且將原本想要隱藏的缺點，都原原本本地顯露出來時，那麼你就會無所畏懼。小說家艾倫·狄波頓（Alain de Botton）在《親吻與訴說》（Kiss & Tell）一書中曾說：「我明白了。總而言之，所有的事情在某種程度上，都是『那又怎樣』。今天該做的事情還沒完成，那又怎樣？汽車賣不出去，那又怎樣？沒什麼錢，那又怎樣？父母似乎不怎麼愛我，那又怎樣？你知道這是什麼意思嗎？這是一種解脫的心情，是我重新看待這個世界的方式。」

一名治癒後的患者問我說：「接下來我該怎麼辦？」我笑著對她說：「做妳想做的事吧！雖然直到如今，過去總是主宰著妳，但是從現在開始，妳才是自己人生的主人，做出最符合自己的選擇，這就是解答。」

世界上最珍貴的人是我，不是你

傳奇的時尚設計師可可·香奈兒（Coco Chanel）曾說：「雖然大家嘲笑我的穿著打

扮，但這就是我成功的祕訣。我就是與眾不同。」

任何人都想成為鎂光燈的焦點，但是並非每個人都可以成為主角，若想成為主角，就必須能夠欣然地接受被賦予的重擔，並且對自己的所有選擇負責。害怕承擔重任而選擇逃避的人，永遠無法成為閃耀著光芒的人生勝利組。擺脫過去創傷的患者們所意識到的，正是如果他們不想被某人掌控，就必須主動去扛下自己的責任，若能樂意承擔人生的重任，你將不會再試圖模仿別人的人生，或是努力過得像別人一樣，你只會致力於成為自己想做的人。

人生在世，切莫或忘的其中一件事，就是**我的人生沒有任何人可以取代**。人們雖然口口聲聲地說世界上最珍貴的東西就是自己，然而事實上卻總是因為在意別人的眼光和評價，而忽略了自己。但是，如果連我都拋棄了我自己，還有誰會守護我？有誰會尊重那些不懂得善待自己的人？誰會喜歡一個討厭自己的人？不過，為了愛自己，我們必須接受並承認自己寒酸和微不足道的一面。唯有如此，你才能說出「對，這就是我，那又怎樣！」的話，並且光明正大地走出自己的路。

當然，如果你遇到其他人反對的事，很可能會感到害怕，因為你會擔心選擇了自己想要的東西之後，是否所有責任都要獨自承擔。此外，如果反對的人，是你所重視的人，那麼你的內心可能會更加煎熬。此時，我們會感到內疚，若是無法克服這點的話，可能就會放棄真正想要的東西。由此觀之，內疚雖然是負面情緒，但是同時也意味著你有多麼想做這件事。所以，有時候你可以欣然接受這種內疚感。而且，如果我的人生沒有任何人可以取代，只有我能對自己的人生負責，那麼當我為了自己做出選擇時，沒有必要對任何人感到抱歉，因為即便做出了錯誤的選擇，也是要由我自己來負責，這才是活出自己的珍貴人生之道。

恢復自尊心最為要緊的理由

我們對自己的低度評價，並不代表別人對我們的客觀評價，只是我們本身這麼看待自己而已。

我們通常會認為擁有良好人際關係的人，個性比較外向。對於那些能夠主動接近陌生人，並且與之交談的人，也會說他們是：「親和力很好的朋友。」另一方面，當我們看到在陌生人面前不知所措而面無表情的人，可能認為他們個性內向，甚至會擔心他們不容易適應社交生活。不過，**內向的人雖然的確不容易和他人變得熟稔，但是一旦他們建立了人際關係，就會盡力而為**。因此，根據一項統計結果顯示，業界百分之八十的頂尖銷售人員都是內向的人，這與一般人認為必須接觸許多人的推銷人員，當然是外向的人做得比較好的觀點截然不同。換句話說，內向人格並不會對建立人際關係造成問題。

問題在於自尊心

人與人之間會造成問題的，反而是自尊心。一

個自尊心強的人，總是會認為自己是個不錯的人。他們無論所做的事情成功與否，都認為自己是有價值的人，覺得自己目前的模樣，就足以得到他人的認可和讚賞。然而，一個自尊心弱的人，總是會以負面眼光來檢視自己。由於自信心不足，一直懷疑自己的能力，並且擔心失敗，害怕自己的缺點曝光的話，別人會討厭自己，因此總是感到不安。

一個自尊心強的人，即便遭遇到不好的事情，也不容易動搖。由於他們認為雖然自己有很多事情做不來，但仍然是個不錯的人，所以即使他們犯了錯，也不會說出「我真的一無是處」的話來減損自己。反而會自我激勵說：「這是情有可原的事，只要下次改進就好。」此外，由於他們相信即使自己失敗或犯錯，別人仍然會喜歡自己，所以基本上不論面對任何人，都能以平常心來對待。

相反地，一個自尊心弱的人則會苛責自己，即便只有一點點不好的事情發生，也會怪罪在自己身上，認為自己是既沒用又不起眼的人，而且還犯了錯，這樣別人一定會討厭自己。所以，即使是一個毫無意義的笑話，他也無法放下它，而是反覆思量著說：「這是想說給我聽的嗎？」即便只是聽到一句對自己不好的批評，也會寢食難安。自尊心強的人，聽到不合理的批評時，通常會置之不理或是隨它而去；但是自尊心弱的人，則是會認為「大家果然就是不喜歡我」而退縮起來。因此，自尊心弱的人在待人處事方面，不可避免地就會遭遇到困難。茲具體說明如下：

恢復自尊心最為要緊的理由

自尊心弱的人不喜歡與人見面，因為他們認為對方會覺得自己很無趣而討厭自己。由於他們抱持著這種不安的心情與對方見面，果不其然，對方也會覺得很不舒服。那麼，即便事實並非如此，也會讓他們的自尊心跌至谷底，而且毫無恢復的餘地，連僅存的一點自尊心也蕩然無存。這樣的過程經歷過幾次的人，最後往往連與他人見面本身，都會感到害怕。

不過，應該謹記的重點是，我們對自己的低度評價，並不代表別人對我們的客觀評價，只是我們本身這麼看待自己而已。此外，當我們遇到某人時，如果你心情不好，那麼對方很容易就會察覺到它。所以，除非自尊心弱的人改變看待自己的觀點，否則他們就難以改善人際關係。如果你無論與誰見面，只要是人際關係本身就會產生壓力的話，或許有必要回頭想想，這是否為自尊心所造成的問題。

提升自尊心的三種方法

並沒有那種立即提升自尊心的特效藥，只是可以不再依照錯誤的地圖前進而已，這正是恢復自尊心的第一步。

自尊心強的人對自尊心並不感興趣，因為他們並不覺得有什麼問題。所以，那些對自尊心這個名詞會有敏感反應的人，可能原本自尊心就很低，或是由於某種原因，目前處於自尊心低落的狀態。就像快樂的人不會特別談論幸福，相對不幸的人，更常提及「幸福」這個名詞，並且有點強迫式地追求幸福一般。

但是，一如前述，現今社會中，想要保持高度的自尊心並不容易。此外，如果由於年幼時跟父母的關係而導致自尊心變弱的話，則不容易改變。因為這樣的人長期以來自認為「我沒有資格被愛」，並且往往以錯誤的方式來渴望被愛。

恢復已經瓦解的自尊心的方法，是學會去愛惜那個不完美的自己，不過要熟悉如何真正愛自己的方法並不容易。作為一名精神科醫生，我曾經諮商過許多心靈遭受重創的人，而我最先學習到的便是等待。有些患者即便接受好幾年的治療，依然無法擺脫創傷，有些患者雖然一度稍有改善，卻又再度退縮，如此循環不已。強化自尊心的方法也是如此，並沒有那種立即提升自尊心的特效藥，只是可以不再依照錯誤的地圖前進而已，這正是恢復自尊心的第一步。

1. 持續做些讓你感受到小小成就的事情

我因為帕金森氏症而放下醫院的工作至今已經五年。我的目標是在病情惡化導致難以承受的痛苦中，就算連一天也難以堅持下去的情況，還能夠活下去。幸運的是，去年我接受電極手術之後，變得稍微能夠移動身體，然而恐慌和孤獨感卻突然找上我。作為醫生，在我停止看診工作之後，社交圈頓時變窄，成天只能待在家裡，內心也變得軟弱起來。我不禁擔心長此以往，自己是否會被社會遺忘，變得一無是處，這樣的恐懼感不斷席捲而來，讓我感到十分慌亂。因為我在生育和撫養兩個孩子的期間，不僅未曾停止工作，同時還忙著寫書，以及在好幾所大學講課，忙得不可開交，我從未想過自己會陷入目前這種情境。於是我首先嘗試接受並承認這種恐懼，然後開始尋找目前能做的事，其中一項就是運動。前天我連起床都有困難，不過，昨天我就步行了一公里，今天則試著步行到一點五公里。當然，在別人的眼裡，這可能不算什麼，但是每當達成目標時，我都為自己感到驕傲。因為可以感覺到自己有能力做些什麼，對恢復自尊心而言非常重要。這是由於自我效能感是自尊心的要素之一，可以透過自我努力來提升自尊。然而，若是一開始就過於心急，為了想展現出不凡的能耐，而設定了不合理的目標，反而不可行。我們應該從簡單的事情開始，然後再挑戰稍有難度的事，這樣才能每天感受到成就的喜悅，**當小小的成就逐漸累積，某一瞬間就能產生自信，這種力量出乎意外地強大**。我能夠寫出這本書，就是最好的證明。

2. 不要費盡心思去掩飾或克服缺點

自尊心弱的人往往會認為，如果讓別人看見自己的缺點，就會被瞧不起。所以他們即使難過也盡量不哭出來，因為他們認為一旦被人看到自己哭泣的那一刻，就會遭到攻擊或是被遺棄。所以他們總是小心翼翼地隱藏自己的缺點，而且只向別人展現自己帥氣又自信的模樣。

然而，由於他們花費太多精力去隱藏自己的缺點，所以當他們遇到別人時，已經沒有多少餘力去關心對方。對他們而言，人際關係只是令人精疲力竭的事情而已。更大的悲劇是，對方也會察覺到這一點，並且感到失望，因為沒有人喜歡去面對一個沒有靈魂的軀殼。

當我們發現一個看似完美的人身上，也有憨厚的一面時，會有「那個人也跟我一樣」的感覺，並且對他產生好感，因為世界上每個人都有缺點。而且一個自尊心強的人，並不是沒有缺點的人，而是能夠欣然承認和顯露自己缺點的人。因此，他們並不會過度執著於自己的缺點，而是致力於發揮自己的優點。他們也從經驗中得知，**減少自己缺點最快速的方法**，**就是盡可能地強化優點**。所以不要再花太多力氣去掩蓋或克服缺點。如果你想建立良好的人際關係，與其隱藏缺點，不如強化優點，這才是條捷徑。

3.如同對別人寬宏大量一般，也對自己厚道一些

面對失敗，那些自尊心弱的人會過於自責，但是面對成功，卻又過度認為這只是巧合。例如假使努力工作而有所成就，自然應該獲得相對獎勵，但是他們卻認為只是偶然得到一種幸運而已。他們老是掛在嘴邊的話就是「經常」「必定」「完美的」和「～應該做」等等，**具有義務性和絕對性的字眼**。**這些話自然會產生諸如恐懼、憤怒、創傷和內疚等情緒**。但是，大部分的實際情況，往往並非經常、必定可以完美無缺，而且也不需如

此。因此，我們需要有彈性和靈活的思考。即便有些事情的結果不如預期，對此也要能夠客觀地看待它。

英國電視劇《肥瑞的瘋狂日記》（My Mad Fat Diary）的女主角瑞伊（Rae），是個患有暴食症，並且對減肥有強迫症的人。她大聲對自己咆哮說：「我真是糟透了。每件我想做的事，都會被我搞砸。而且，我越是想去彌補，事情就變得越糟糕。」

這些瑞伊從不會對別人說的壞話，卻被她拿來毫不留情地自我批判。對於這樣的瑞伊，輔導老師對她這樣說：

「想像現在有一個十歲的瑞伊坐在這裡。然後妳對她說：『妳好胖』。」

「我不會做！」

「妳試著對她說：『妳好難看。』『妳好丟臉、妳沒用、妳沒希望了』。」

「我不想！」

「這些話就是妳每天對自己說的話。妳就是每天自我催眠，說自己是個令人傷腦筋的負擔。妳覺得這個小女孩很難看嗎？」

「不是。別再說了！」

「那麼妳想對她說什麼？」

「……妳很棒。這樣就很完美了……」

「這才是妳必須對自己說的話。就像妳安慰那個小女孩一樣，妳應該慰勞一下自己。」

我不知道你是否像瑞伊一樣，毫不留情地對自己說出這樣粗魯的話。不是對別人，而是只對自己如此苛責，這樣是否太過嚴厲了呢？如果你對別人總是寬宏大量，那麼對自己也要厚道一些。任何人都可能犯錯，也可能失敗或是中途放棄。但是這並不能證明你本身就是能力不足或有缺陷。我們所處的現實生活，本來就不可能完美無缺，我們也無法控制一切。然而，如果你把一切都歸咎於自己，光顧著埋怨自己，那麼請立刻停止這種毫無根據的自責。你絕對是個比你自己所想像中，還要更好的人。

讓別人不敢對我胡來的方法

不要試圖成為一個「善良」的人，這不過是那些不懂得重視自己的人，所做出的最壞選擇。

有一天，我學妹覺得很苦悶，於是跑來找我。她說她的弟媳已經把孩子託給她照顧滿一年，但是完全沒有要帶回去的意思。起初，她想說自己跟公婆住，所以弟媳託她帶孩子，也是情有可原。當然，我學妹本身也是一個育有兩子的職場媽媽，日子過得並不輕鬆，但是她考量弟媳當時的處境為難，所以還是接受她的託付。然而，一年過後，她的弟媳發了一封郵件給她，說是孩子在大伯母家長得很結實，不知是否可以繼續幫忙照顧云云。她覺得很生氣。她正因為健康情況變差，想要好好休息一下，沒想到弟媳居然只考慮自己的立場，她因為很怨恨弟媳，晚上連覺都睡不好。我告訴學妹，妳就果斷地拒絕弟媳。後來，她婉拒了弟媳的託育請求，結果她弟媳就另外找了一個保母。

有時候，我們會碰到那種想把自己的擔子放在別人肩膀上的人。每逢此時，那些所謂善良的人，都不知該如何是好。雖然他們內心說了上百次的不行，但是因為不想發生衝突，所以不忍拒絕，卻又暗自叫苦。由於他們認為「如果我拒絕的話，對方會感到失望吧」「這一次就算了吧」「如果我能忍下來，對大家都好吧」，結果最後又接受了無理的要求。但是當他們覺得只有自己吃虧，以及發現對方得了便宜還賣乖的時候，憤怒感終究會在心裡擴散開來，然後不知不覺地，在某一瞬間爆發怒火。也就是說，他們雖然試圖維持關係而一再忍讓，最終卻會在一夕之間潰堤而導致關係破裂。

不論在工作或人際關係方面，人的忍耐都有極限。而且，**善良地活著並不是答應一切的請求**。人活著只要能夠克盡本分地工作，不給別人帶來困擾，便已足夠。然而，在韓國總是把「善良」一詞，等同於聽從別人的意見，因此過度重視他人而幾乎不尊重自己。「善良」的人往往擔心傷及別人的感情，導致對方的情緒受到傷害，而承擔了超越自己能力所及的事，結果因此苦惱不已。不僅犧牲了自己，也犧牲了家人。

因此，**不要試圖成為一個「善良」的人，這不過是那些不懂得重視自己的人，所做出的最壞選擇**。我總是告訴已婚的女兒：「不要費盡心思想成為一個好媳婦。」因為以我平時對女兒個性的觀察，剛結婚時，她一定會花很多時間，努力想要扮演好媳婦的角色，如此一來，公婆對她的期望值就會變高，最後我女兒一定會覺得很累。相反地，我對女兒說：「成為一個讓人感到舒服的媳婦，對妳和妳公婆而言，都是一件好事。」唯有透過讓步和妥協的過程，而不是無條件地配合對方，才能讓人感到心安，也才能阻止只有一方犧牲的悲劇。因為**唯有知道彼此無法做什麼、不喜歡做什麼，才能夠相安無事**。

越是自尊心弱的人，越需要設限的理由

「善良」的人所爆發的怒火，通常來自於覺得別人故意看輕自己，或是對自己不公平的感受。因此，第一要務就是不能讓別人任意對待自己。然而，我們通常害怕去設定明確的界線，擔心對方會因此討厭我，或是彼此的關係會出現裂痕。自尊心越低的人，恐懼感就越大。但是，面對任意對待我們的人，必須堅定地劃出界線，並且必須好好克服隨之而來的內疚感。那麼，不久之後，內疚感就會消失，反而會讓人心情輕鬆起來。

為了自我保護，我們必須設定界線。或許有些人會批評你劃出界線是一種自私的舉動，但這麼做絕不是自私。所謂自私是指無法容忍自己吃虧，不管別人死活，都只是先考慮自己的利益。但是劃出界線是讓對方確實明白我的處境和能力的極限。當對方與我的期待相左時，也等於告訴對方，我無法在犧牲自己的情況下，答應你的請求。換句話說，**劃**

出界線並不是成為無法妥協的人，只是表達出自己絕對不接受不公平的操弄。德國心理學家赫爾曼．戈林（Hermann Göering）在《永不妥協》一書中曾說：

「堅決的最終目標是保護自己，過自己眞正想要的生活，而不是要犧牲或打擊別人。當然，透過堅持自我的權利，可能讓周遭的人感到吃力或更加難過。然而，如果這件事情長期以來讓你感到疲憊和受傷的話，必要時，你也應該懂得如何與之奮戰。堅決意味著要關注那些尊重我，並且我也重視的人，而不是執著於我做不到及無法改變的關係。」

不過，自尊心弱的人總是擔心如果拒絕別人的話，就會被對方討厭而戰戰兢兢。他們應該要破除的偏見，就是堅決地劃出界線是一種自我保護，而不是為了贏過對手而戰。若是設定了界線，關係不但不會被打破，反而會變得更加穩固。由於清楚地劃分出自己能做什麼和不能做什麼，也能讓對方更尊重自己。從這層意義來看，劃出界線也意味向對方傳達出希望自己的想法和喜好能夠被尊重的意思。為了劃出更好的界線，可以採用下列方法。

1. 接受人類原本就是自私和軟弱的事實

自私和軟弱是人類的天性。若是處於任何不利的狀況，人們即使撒個小謊，也會盡力想要避免危機，當發生大型交通事故時，如果我們的家人都安然無恙，我們就會放下心來。雖然我們有時是默默地捐款，但是往往會想讓別人知道自己有捐款的事，當我們看到有人挨打時，雖然明知道應該伸出援手，但是心裡又會害怕被揍而選擇逃避。當然，並非每個這麼做的人，都是一樣的懦弱和自私，但重點是任何人都可能如此。

接受人類無可避免的局限並不是件悲慘的事。世界上並沒有那種無所不能而完美無缺的人。即使我們設定了一個理想的目標，告訴自己「我必須這麼做」，也沒有人能夠完美地達成目標。每個人都有欠缺和不周密的一面，由於我們都有脆弱之處，所以才會彼此需要，才能感謝彼此的存在。如果有一個完美的人，他就不需要任何關係。

當我們接受人類天生就是自私和軟弱的這個事實時，一旦遇到自私自利的人，就不會感到失望，甚至難過得想要立刻與他斷絕關係。我們至少可以聽聽對方的理由，並且有時間好好想想問題所在。而且，即便別人只是施予小惠，我們也能夠誠心感謝對方。此外，當別人任意對待自己時，也不會做出一味的批評或攻擊對方的愚蠢行徑。或許我們就能理解到或許對方只是站在自己的立場來考量而已，並且至少能夠劃出界線來，讓對方不能再任意對待自己。最重要的是，我們也能了解到自己也可能這麼做，並且能夠原諒有時會做出自私的行為，或是犯下錯誤的自己。換句話說，我們不會因為並不完美，而認為自己不值得被愛，也不會一再怪罪自己。**唯有當我們能夠接納自己脆弱的一面，才能夠堂而皇之地告訴別人自己的極限所在**。否則，無論別人做出多麼無理的要求，我們都將無法拒絕而備受痛苦。

2. 不要期待「我已經做到這樣，別人應該會了解吧？」

當我弟弟去留學的時候，他的教授曾經問他數學好嗎？結果他回答說：「我數學不好。」然後，他的教授露出了訝異的表情。因為我弟弟的數學其實很好，所以他的教授無法理解為什麼他說自己數學不好。然而，在韓國如果你這麼回答，大家都會讚美你說：「真是個謙虛的人。」因為我們都被教導說要謙卑一點才好。所以當我們聽到別人的讚美時，都會害羞地說：「哪裡，我做得並不好。」「只是運氣好而已。」當然，謙卑是一種美德。但是過度的謙卑反而有害。謙卑是不自我誇耀，但不意味著過度貶低自己。以任何方式來看輕自己，也是一種自我貶低。如果我都不尊重我自己，那麼誰又會尊重我？事實上，即便起初不相信的人，一旦同樣的話重複聽過好幾遍之後，就會開始把它當真。那麼，過度的謙遜，將無異於持續不斷地貶低自己。

然而，若是觀察那些過於謙虛的人，會發現他們心裡其實認為：「即便我這麼說，別人都會明白我的意思，而且肯定我吧！」不幸的是，大部分的情況下，別人對此並不感興趣。因此，過度的謙卑其實無法獲得任何好處。

同樣地，「善良」的人認為，如果他們接受了某人的無理要求，對方應該就會明白自己的想法。換句話說，如果他們在情非得已的狀況下，放棄了某些事情，然後接受了別人的請求，那麼他們就會認為不需多說，別人就應該知道要心存感激。但是，**如果我們沒有說出口，對方有可能真的不明白我們的想法**。因此，當我們接受了別人的請求時，最好不要期待別人會懂得感恩。如果對方沒有表達謝意，將會讓你感到生氣的話，那麼一開始最好就拒絕對方的請求，免得到頭來自己覺得很受傷。

3. 劃清界線時，不要過於激動，但要溫柔而堅決

一如前述，以我學妹的情形來說，當她看了弟媳發的電子郵件後，氣到無法入眠。還好她並沒有立即打電話給她弟媳。如果她這樣做的話，可能會口無遮攔地說些氣話，結果卻沒有表達出自己真正的想法，反而只是讓彼此的關係變得更糟。此時我們必須做的事，就是再度提醒自己劃出界線的目的。**劃出界線是為了自我保護，而不是讓關係誤入困境**。

因此，當我們生氣時，必須先沉澱一下，讓自己不要過於激動。然後必須向對方好好傳達

出我的意見。如果我們把事情全部混在一起來說，對方可能會無法理解。所以，即使我們遭受到令人不悅的待遇，也不要先責怪對方，最好只說明什麼是自己做不到的事情。如果即使如此，對方還是很生氣，或是想要收買我們，千萬不要示弱，必須語氣堅定地維持自己的決心。唯有如此，對方才會尊重我們。劃出界線時，最好能夠讓對方看到我們堅決的一面。

優雅地因應不公正批評的方法

犯錯的其實是這個一開始就公然出口傷人的人。不管他說些什麼，我們都沒有理由攬下那些不是自己的錯誤所造成的問題，而飽受煎熬。

人生在世，有時會碰到那些一再傷害別人的人。他們充滿了自卑感和對社會的不滿，因此一開口就忙於訴說著這世界有多麼不公不義。他們熱衷於與人競爭，並且認為自己應該脫穎而出。所以，不知不覺中，一旦他們看到比自己更受肯定的人，就會產生羨慕和嫉妒的心理，並且對於無法減損他人的成功而焦躁不已，責怪全世界都沒有看到他們有多麼努力。

那些成為他們洩憤對象的人，自然是比他們更弱勢的人。他們虎視眈眈地抓住對方的弱點，並且打探可以壓制對方的機會，然後選擇足以讓人感到受辱和羞愧的話，毫無留情地不停批判對方。例如像是在網路寫下惡毒的留言，然後瞬間覺得自己高人一等的快感；或者因為某件事情心情不好的上司，卻遷怒於認真工作的屬下，指責他說：「你太自命不凡」等等，都是屬於這種情形。他們認為只要能夠讓自己的內心得到撫慰，不論怎麼做都沒有關係，至於對方是否會受到傷害，他們完全不感興趣。對他們而言，其他人只是解決他們的自卑感和挫折感的對象，他們反而很喜歡看到別人覺得被侮蔑和傷害的樣子。所以他們會去掀開別人想要隱藏的過去，故意用學歷、外表等對方的弱點來挑起對方的憤怒。

若是碰到這種故意傷害我們的人，一旦聽到他們無理的批評，我們不可避免地會感到震驚。所以即使是一個自尊心很強的人，也會由於感到羞恥和受辱而氣得發抖。但是，**不管你覺得有多麼委屈，都不應該陷入對方的挑釁之中，因為他們就是想要看到你受傷而痛苦的模樣**。幸好，自尊心強的人雖然可能暫時失去理智，但是很快就會找回重心；然後，如果他們認為對方的批評並不公平，就會行使否決權。他們不會被無理的指責所操控，也不會捲入無謂之爭，而是會忽視它。事實上，為了洩憤而脫口而出的話，絕不可能是客觀的評論。況且，不管對方如何評價我，這都只是他的想法而已。即使批評的內容是正確的，但是故意傷害弱者的做法，也是不好的行為。

然而，自尊心弱的人並不會抗議，甚至即便受到傷害而難過不已，也會將這些不公平的指控，當成是因為自己的過錯所引起。特別是很多女性會覺得是因為自己太糟糕、太沒出息，使得對方不得不生氣，並且認為自己受到這樣的對待也是活該。她們甚至對於與自己無關的事情，也都認為是自己的錯，所以試圖在造成更大的衝突之前，把事情擺平。但是，這麼做只是會讓那個原本傷害她的人，更是變本加厲而已。因為他們看到哆哆嗦嗦、顫抖著認錯的人，反而會有一種快感，然後更興致勃勃地不停指責對方。

不過犯錯的其實是這個一開始就公然出口傷人的人。不管他說些什麼，我們都沒有理由攬下那些不是自己的錯誤所造成的問題，而飽受煎熬。因此，我們應該將對方的錯誤還給他，讓他清楚地意識到自己的指責並不公平的事實。**無論他多麼想傷害我，只要我不接受，就會到此為止**。再也不要被一個沒資格評判我的人挑釁，並且因而傷心難過；不要讓這種公然傷害別人的人，看我好欺負。我必須能夠積極地自我保護，因為在這種情況之下，只有我才能守護自己。

當然，遭到忽視時，任何人都會覺得心情很糟，但是不是每個人都會把它視為傷口。如果你因為受到不公平的對待而受傷，無異是允許對方可以任意操控你。對方只要想折磨你，你就會很難受，只要想傷害你，你就完全接收所有傷害。因此，不要說你受到了不公平的指責而受傷，而是應該在某一瞬間，將這些不公平的指責還諸其人，因為這不是你應該承受的事情。

最後，你不該忘記的一件事，**就是人際關係的掌控權在你自己手中**。你可以選擇想要接近誰、遠離誰，以及更關心誰。如果是我想親近的人傷害我，那麼我真的會很受傷。但是如果一個在我生命中無關痛癢的人傷害我，那麼對我來說並不算什麼。而且，為了自我保護，應該認真地考慮與傷害我的人斷絕關係。

chapter 4

我和家人、戀人之間所需的距離：0～46cm

家庭關係特別困難的理由

企圖透過重現兒時的不幸情景，消弭當時壓抑的情緒或內心的渴望，並尋求心理補償，然而結果只是重複不幸而已。

有一個兒子非常怨恨他的父親一喝酒就會打他的母親。他曾經試圖阻止父親，不過總是被身強力壯的父親推倒在地。看到全身傷痕累累的母親，當時的他恨不得早日長大，成為像父親一樣強而有力的大人。後來他長大了，如願成為壯碩的大人，也有了自己的兒子。然而，不知從哪一天起，他在喝酒後也開始毆打自己的兒子。不希望像父親一樣生活的他，看到不知不覺變得跟父親一樣的自己，感到十分絕望。他滿臉痛苦地對我說：

「我從頭到尾都沒有那種意圖。」

因為家庭問題而來找我諮商的人，都會說他們打從一開始就完全沒有傷害家人的意圖。家庭心理學大師托尼．亨弗瑞斯（Tony Humphreys）曾說，在他三十年來與發生暴力和虐待的問題家庭諮商的經驗中，從來不曾見過任何一名故意傷害子女和配偶的人。換句話說，人往往是在不自覺的情況下，對家人發火、施以暴行，甚至傷害家人。那麼，為何他們會做出這種事情呢？

根據精神分析學的鼻祖佛洛伊德的說法，人們會有重複童年所蒙受的創傷或痛苦的傾向。未能及時解決童年創傷而長大的人，會以自己的孩子或配偶為對象，重複他的傷痛，企圖透過重現兒時的不幸情景，消弭當時壓抑的情緒或內心的渴望，並尋求心理補償，然而結果只是重複不幸而已。此等現象我們稱為「**強迫性的重複**」。

家庭問題特別困難且難以解決的原因就在這裡。很多人沒有意識到，他們正把幼時在原生家庭所遭遇到的傷痛，在目前這個家庭裡重演，而且，問題還逐漸擴大到無法承受的程度，成為無法治癒的傷口。如何才能擺脫這種惡性循環呢？有沒有辦法阻止從祖父延續到父親、從父親到自己、從自己到兒子或女兒，這種重複不斷的不幸呢？

這個在喝酒後對母親施暴的父親底下長大成人，卻也成為一名喝了酒後毆打兒子的患者對我說，他至今仍然無法原諒父親，父親也不知道自己做錯了什麼。他說他自己非常痛苦，因為他對父親還是懷著害怕與恐懼而戰慄不已，內心仍因自己童年時期什麼事都沒辦法做的無力感，以及無法保護母親的愧疚感而飽受折磨。我對他說，你遇到這樣的父親是件非常悲哀且不幸的事，但你父親並不是一個可怕的怪物，只是一個不在愛的環境裡成長，也不懂得如何愛人的笨拙又平凡的人而已。我接著告訴他：

「隨著時間的流逝，你的父親可能會意識到自己的錯誤，但也可能永遠不會改變。那麼，你可能永遠聽不到父親對你道歉的話。但是，因爲你意識到自己有問題，如果你能夠嘗試去努力，就可以終止這種惡性循環。不要忘記，你是一個擁有與你父親完全不同靈魂與人格的人。你不再是無法阻擋強壯的父親而顫抖不已的孩子，你已經成爲比你父親更爲強壯的人。」

比起承受傷痛更重要的是，你如何看待自己的傷痛。有些人遭遇到同樣的事，卻能夠雲淡風輕，但有些人會感到痛不欲生。當某人傷害自己時，有些人認為自己的人生全毀了，但是也有些人認為「這只不過是個小傷口，沒什麼。」換句話說，與蒙受傷害的事實相比，**隨著自己思考與看待傷害的觀念改變，現在與未來亦將截然不同**。

有些人會認為，他們受到來自父母的深深傷害，是因為自己做了壞事，才受到相對應的嚴厲懲罰。其實他們的父母也是因為童年受創而不自覺地去傷害自己的孩子，孩子往往並沒有犯錯。不過他們也是頭一次當父母，所以沒有經驗而已。可惜的是，我們沒有能力改變過去。但是如果你對於貫穿祖父母、父母與自己所延續下來的惡性循環有所理解，至少你就擁有可以阻止傷痛持續擴大的機會。

因此，如果你現在遇到與家人之間無法解決的問題，試著問問自己吧，是不是存在著自己都不知情的強迫性重複創傷也說不定。

和睦的家庭不是從不吵架，而是能夠妥善解決衝突

切莫將家人之間不要產生衝突當作一個目標，重要的是要學會好好爭吵的方式。

日暮時分，下了班的爸爸一打開家門，孩子們就興奮地跳出來迎接，母親一邊接過父親的外套一邊說：「孩子們，要吃飯了，老公，快去洗一洗出來吃飯。」過了一會兒，全家人圍坐在正煮著熱湯的餐桌，和樂融融地邊聊天邊吃飯。這是我們經常在廣告中看到的和諧家庭的晚餐情景。然而，看著這樣的廣告，正在吃飯的某個人臉色突然暗了下來，因為在他們家的餐桌上，家人們經常是一語不發。而且回想起來，相較於全家一起吃飯的情形，用保麗龍餐具裝著泡菜、煎蛋，自己獨自一人吃著飯的時間反而更多。「別人的家庭都那麼和樂，我們家為什麼會這樣呢？我真的很討厭這樣。」然而，前來找我的患者們也經常這麼表示。「別人家看起來都很幸福，只是我們家不是，我覺得很羞愧，也很難過。」

童年時期越是在不幸福的家庭中長大的人，對和睦家庭的幻想越大。他們總是夢想著有個充滿笑聲、談話聲此起彼落、洋溢著親情的愉悅家庭，在那樣的家庭裡，似乎不知道什麼叫爭吵。電視裡播放出來的和諧家庭的形象，似乎成為彰顯自己的家庭有問題的佐證。

我的一雙兒女小時候一天到晚吵架。我經常苦惱著不知該如何處置才好。有一天，我去找精神分析師諮詢，他問我兩兄妹之間的關係，我深深地歎了一口氣說：「他們幾乎每天都在吵架。」然後，他突然對我說：「Congratulation（恭喜）！」他對百思不解的我解釋說，兄弟姐妹間你來我往的口角越多，對彼此的關係而言，反而才是好現象。如果不是太過嚴重，小時候吵點架沒關係。

仔細想想，家人之間不可能不曾發生衝突，尤其兄弟姐妹天生就是會爭奪父母憐愛的關係。當我們覺得自己應該得到更多的愛，結果反而是其他兄弟或姐妹得到更多的關注時，不可能不嫉妒。然而，若是父母認為家人之間不應該這樣，而強行壓抑子女時，不但無法消弭衝突，反而可能在某個瞬間，像氣球一樣突然爆破，演變至不可收拾的地步。

一個和睦的家庭並不是一個不會爭吵的家庭，而是懂得妥善解決衝突的家庭。沒有一個家庭不爭吵，除非是打算假裝沒有衝突，或是視而不見及置之不理，否則很難避免衝突，因此，要拋開沒有衝突的錯覺。即使是我女兒和兒子的問題也一樣。我女兒很小就動過心臟手術，因此全家人的關心與擔憂自然都傾注在女兒身上。站在我兒子的立場來看，幼小的心靈再怎麼心疼，還是會討厭奪走家人關心的妹妹。而如果我責怪他：「你當哥哥的這樣對嗎？你應該要讓妹妹啊！」兒子大概會因為自己是個「嫉妒妹妹的壞哥哥」而自責及難過不已，覺得都是我沒做好，才會被媽媽罵。因此，在他們一開始爭吵就試圖化解，並強迫他們和好之前，必須要先仔細了解為什麼會發生衝突，致力於找出原因再加以解決。

兄弟姐妹是世界上獨一無二的關係，如果一開始彼此就能夠合諧共處該有多好？然而，一開始就因為個性南轅北轍而無法親近的兄弟姐妹比比皆是。與其堅持他們要兄友弟恭，不如認同他們之間的差異。「他跟我就是不對盤，但我們是兄弟。」只要維持兄弟姐妹之間的基本情誼，就不會產生太大的問題。相反地，若是硬生生地強迫他們要和平共處，要求他們「不要爭吵，相親相愛」時，就會產生問題。

夫妻關係也是一樣。雖然應該盡量避免在孩子面前爭吵，但如果因害怕爭吵本身而隱忍不提，不但無法解決衝突，反而會雪上加霜。此外，無論父母再怎麼隱藏，孩子還是會如鬼神般的察覺到父母之間的不愉快。孩子們並不會了解那是爸爸媽媽之間的問題，反而會認為是因為自己沒有好好念書或是不乖，才會導致父母關係失和，並將父母間的衝突歸咎成是自己的錯。

然而，沒有經驗的父母可能會說出更加助長孩子內疚感的言論，讓內心痛苦的孩子更是飽受煎熬。例如妻子把對先生的氣，出在孩子身上，說出「如果你沒有出生，我就不會和你爸爸結婚」的話，會讓孩子更加認為是因為自己的存在，而導致爸媽不和，倍感內疚和難過。更荒謬的是，多年後，當孩子講述這件事時，父母往往感到非常驚訝，並且認為他們從未這麼說過。父母並沒有說謊，因為當時父母需要一個傾訴及抱怨的對象，他們只是忘了自己把心裡的垃圾，倒給了當時在場的孩子這件事罷了。夫妻之間日積月累的衝突，原本應該以某種方式解決，然而在無法解決的當下，孩子往往成了代罪羔羊。

所以我經常告訴別人：「切莫將家人之間不要產生衝突當作一個目標，重要的是要學會好好爭吵的方式。」當衝突發生時，重要的是要迅速承認並努力解決它。這裡**所謂好的爭吵方式，不是指讓對方屈服，而是彼此各退一步並互相關懷，以便能夠共同生活下去。因此，並非爭吵就是不幸福，不爭吵就是幸福。**太過頻繁的劍拔弩張地傷害對方，固然不是件好事，但為了解決紛爭，在衝突變得日益嚴重或是不可收拾之前，爭吵反而有其必要性。

即便是父母也不能任意對待你

即使是父母，也無權對孩子提出不正當的要求。子女即使會因為違抗父母的話，而感到心裡過意不去，但是也不能聽從父母的無理要求。

「為了照顧他，我多麼用心良苦，他怎麼可以這樣做？」

乍聽之下，似乎是一位母親在抱怨兒子或女兒不聽話時的語氣，結果竟然出自於一個與男友分手的女子。她娓娓地訴說著為何她不再相信愛情的故事。原來她男朋友的夢想是成為伸張正義的檢察官，然而由於家境貧困，不得不從事許多兼職工作以賺取學費和生活費，導致準備司法考試的時間遠遠不足。幸好她在畢業前就進入大企業工作，為了實現男友的夢想，她負擔了男友所有的考試院（譯註：韓國提供備考生之用的廉價租屋）房租及補習費，讓他能專心準備考試。

不僅如此，因為她非常愛他，所以自己縮衣節食，不去參加朋友的聚會、一件好衣服都捨不得買、放棄她最喜歡的電影和旅行，還不斷安慰自己說沒關係。然後，就在她男朋友司法考試合格後不久，他對她提出了分手。

通常在這種情況下，我們都會責怪這個男友。如果沒有女友提供經濟後盾，他根本連司法考試合格的夢都沒辦法做，怎麼可以背叛這樣的女友呢？她還說「因為愛他，我付出了自己所有的一切，他怎麼可以就這樣拋棄我呢？」然後表示自己再也不相信愛情。

所謂「施比受更有福」，這句話我非常同意。因為給予的快樂，唯有付出的人才能感受到無比的幸福，然而，單方面的愛人或被愛的關係，將會危害到愛情。

一直接受來自女友資助的這個男人，他的心態是什麼？在感謝她的同時，又對她的辛苦感到愧疚，虧欠於心的情緒一直折磨著他。或許當她抱怨自己很累的時候，會深深感到自己實在太沒出息也說不定。而且與愛她的心相比，男方的愧疚感將會更大。女方也可能會因為長久以來只有付出，沒有得到任何回饋而不自覺地有所抱怨也說不定。男友只要約會時稍微遲到一點點，可能就會有「我都為你做到這種程度了，你連這一點時間都無法遵守」的想法。在雙方對等關係被打破的狀態下，單方面付出與接受的關係持續到最後，付出的人會感到鬱悶，接受的人只會感到虧欠。因此，**在愛情方面，單行道非常危險。給的太多或只一味地接受的關係很容易變質**。針對這點，《為何我跟人們格格不入？》的作者馬修．凱利（Matthew Kelly）指出：

「我擁有某些可以分享的東西，並且能夠分享給對方，固然是件令人開心的事，但是絕對不能以盲目及魯莽的方式進行。給予對方所有他想要的一切，並不會讓他變得完美。你能爲所愛的人做的最好的事，就是不要爲了滿足對方的私欲及一時興起，而摧毀了自己。你能爲所愛的人做的最好的事，就是打造最好的自己。」

然而，我們往往把拋棄自己所擁有的一切，並把所有東西都奉獻給對方，視為「崇高的愛」，認為少給就是「不夠愛」。「不是說你愛我嗎？連這種程度都沒辦法為我做？」「家人就應該這麼做不是嗎？」但是，即使是家人，也不能強迫對方做出單方面的犧牲。

我有一個學弟，他的父親一直在做生意，一旦生意失敗欠了債，就來找這個兒子，要求他幫忙還錢。我學弟為了替父親還債，連女朋友都沒時間交，瘋狂地工作賺錢。然而，當再次生意失敗的父親又來找他幫忙還債時，以一個實習醫生的月薪實在無法承擔的學弟告訴我，說他真的不知道該如何是好。我告訴學弟，不能再給父親錢了，再不行，就斷絕父子關係。學弟以為我會說「再怎麼樣也是父親，身為子女不就是應該克盡本分嗎？」卻沒想到我居然提出完全相反的論調，所以感到非常驚訝。但我堅定地對他說：

「即使是父親，不行的事就是不能做。你不是說成為一名醫生是你的夢想？儘管一直以來連睡眠的時間都不夠，非常辛苦，但至少是為了多學習一點而努力奔走，不是嗎？那麼，辭去實習醫生一職，賺更多的錢來還債，你父親就會從此不再犯同樣的錯誤嗎？你父親如果再次生意失敗，又來叫你還債，那時候該怎麼辦？」

我不是不了解學弟的心情，但是我認為沒有人有權利要求對方做出這種「**無底洞式**」的單方面犧牲，更不能幫助無視孩子的人生好壞，只一味要求幫自己還債的父親。他的父親絕對不會改變，最後受傷的只有我學弟而已。即使對方是父母，肯定還是有一些不能接受的事情存在，如果最後結果不得不與父親斷絕關係，其實也就不必為此而感到愧疚了。

學弟思考許久後，說他無法再為父親還債，也不會再放棄實習醫生的生活。幾年後，學弟來找我，並對我說謝謝。失去了兒子這個靠山的父親，後來不再做生意，學弟也成為專科醫生，他與父親的關係反而比以前還好。以前在備受困擾的償債時期，雖然他獲得了「好兒子」的名聲，但是拒絕了父親的要求，變成所謂的「壞兒子」之後，他對父親的怨恨與厭倦的心態反而逐漸減少，開始慢慢地對父親敞開心扉。

即使是父母，也無權對孩子提出不正當的要求。子女即使會因為違抗父母而感到心裡過意不去，但是也不能聽從父母的無理要求。那些要求若不立即停止，下一次就會提出更加困難的要求。最後，隨著時間的流逝，關係不但不會變好，痛苦的狀態也會越來越糟。

倘若你在所謂「家人」的名義下，持續被父母或兄弟姐妹拖著走，**請提起勇氣，明確地劃**

出「不行」的界線吧！即使對方說：「誰養你到這麼大，給你吃給你穿，你怎麼能抹煞這一切？你還是人嗎？」或是謾罵著說：「連陌生人都會幫忙，自己家人居然不幫？」你也必須斷然拒絕，只有這樣你才能保護自己，關係破裂是提出不當要求的他們的錯，不是劃出「不行」界線的你的錯。

父母也是一樣，不能打造出一個子女認為父母的犧牲是理所當然的環境。面對認為「住在一個三十坪大小的公寓裡，是因為父親不夠努力的錯」的子女，不應該說「對不起」，反而應該斬釘截鐵地告訴他們：「如果想住在更大的房子裡，你必須自己努力去賺錢才行。」在外留學的子女要求再寄錢去的時候，你應該對他們說：「目前媽媽已經盡力而為了，不夠的話，你應該自己去賺錢來用，不然就回來吧！」

關係越是親密，越容易混淆愛情與單方面的犧牲。但是，愛情會讓某人得救，單方面的犧牲卻會讓某人死亡。因此，我們必須好好關注彼此間的關係，不要讓愛情變質，成為單方面的犧牲。就算對方是家人，也不能為了滿足對方的不當欲望，而毀了自己。所以，即使是自己的父母，只要提出不合理的要求，都必須明明白白、確確實實地劃清界線，不能再任意回應。

為什麼越是親近的人越需要對話的理由

我們經常是關係越親密，越不努力經營，並且認為不必刻意說出來，對方也能理解我，甚至將之稱為「愛」。

電影《崩壞人生》（Demolition）的情節，敘述著有一天，一場突如其來的交通事故，讓一名男子失去了他的妻子。然而奇怪的是，他面對妻子的死亡，並未顯露出任何悲傷的情緒。在葬禮上，他獨自站在鏡子前，努力擠出悲傷的表情，但卻毫無成效。對於不但不悲傷，而且也完全無動於衷的自己深感奇怪的他，開始拆解與自己的婚姻生活有關的事物。他認為想要修理某樣物品時，必須全部拆開分解，才會知道問題所在，於是他從冰箱開始拆解。妻子曾叨唸著說要修理冰箱，在她死後他才想起來。他把冰箱零件一個接一個地拆掉，才意識到過去他是多麼地不關心妻子；同時也才意識到，他對世界上所有事物都太過無動於衷，對周遭的人事物太過漠視。他不只拆解了冰箱，也開始拆解充滿著他妻子的回憶的房子。究竟還有哪裡出錯了呢？

後來他發現了一張妻子在事故發生前，貼在如今已被拆成碎片的冰箱上的小紙條。紙條上寫著：

「不要再假裝忙碌，修理一下我吧！」

他這時才領悟到他自己太不了解妻子，以及不夠愛妻子的事實。對妻子的死亡，並未感到悲傷的原因，是因為他們的關係在妻子去世前，就已經形同槁木死灰，只是以妻子的離世為契機，浮出檯面而已。因此，他看著紙條，在妻子死後第一次落淚，流下了連在葬禮上都流不出來的淚水。

夫妻是所有人際關係中最親密的一種。但是若說這種關係「已經死亡」，究竟代表什麼意思呢？這是指雖然在相同的空間裡睡覺、吃飯，但是不再關懷彼此，也不再努力地去了解對方。儘管如此，我們總是經常厚顏無恥地說著，家人是我最珍貴的人，他們會在我最需要的時候隨時支援我，他們知道我想要什麼，現在我只是因為生活太過忙碌，暫時疏忽了對方而已。

然而，在我結婚生子，操持家務超過三十年後的現在，我對一句話深表認同，那就是：「**愛的相反詞並不是恨，而是漠不關心。**」對我們的生活與人際關係最能發揮強大破壞力量者，就是漠不關心。如果抱持著「先生、太太、女兒隨時都會理解我的」這種想法，**不努力去維持彼此的關係時，關係就會死亡**。所謂的關係，就如同需要隨時留意，並且按時澆水灌溉，經常照料才能萌芽成長的種子一般。

但是，我們經常是關係越親密，越不努力經營，並且認為不必刻意說出來，對方也能理解我，甚至將之稱為「愛」。不過我個人認為，這不是愛。不說出口怎麼會知道？我們不知道、先生不知道、太太不知道、孩子也不知道。即使關係再怎麼親密，我們絕對沒辦法知道對方腦袋裡在想些什麼，所以只能開口詢問。這就是為什麼關係越親近的人，越需要對話溝通的緣故。

過去的丈夫與現在的丈夫並不相同，過去的妻子和現在的妻子也有所差異。他一整天發生了什麼事？她在想什麼？同床共枕的夫妻不會完全明白。因此，必須面對面提問才行。你在擔心什麼？我可以幫你什麼忙？凡此種種，都必須詢問對方。同時要告訴對方，現在什麼事讓我感到疲累，我需要你的協助等，這些全都必須透過對話及溝通，才能更了解彼此。

有一天，我在閱讀視頻藝術大師白南準的妻子久保田成子所寫的書《我的愛，白南準》時，看到一段讓我沉吟良久的內容。

〈愛與尊重〉
偉大的妻子
偉大的廚師
偉大的護士
偉大的作家
而且，對於這樣的內容足以延續一百頁的久保田成子，
我愛她也尊重她。

震撼我的不是白南準說他對妻子的愛和尊重那一部分，而是他可以寫出超過一百頁描述他妻子的話。對於我的丈夫、兒子和女兒，我有可能寫出超過一百頁的內容嗎？我對他們的了解有那麼多嗎？我突然失去了自信。儘管我可以從「我的丈夫是醫生，兩個孩子的父親，是長子，是個有責任感的主管」這些句子開始，但接下來要如何填滿其餘部分？我也想問問你，對於你現在最親密，最放在心坎上的他，你可以寫滿多少頁的文章呢？

父母與子女之間不可或缺的四項要領

孩子不是父母的財產，我們必須清楚明確地認知到這個事實，才能防止父母和孩子陷入不幸的狀態。

即使自己吃剩飯剩菜，穿著舊衣服，也要讓孩子吃好的食物，給孩子最好的一切，這是標準的天下父母心。父母在孩子身上所花費的心思，永遠多於自己。但是大多數的孩子並不了解這樣的父母心。若有認為父母的犧牲奉獻，不是理所當然的子女，那就算是幸運的了。子女往往在父母說出：「這都是為你好」的話時，會以「又在嘮叨了」的話來加以回應。

就這個層面來看，我實在無話可說。在年少輕狂的青澀歲月中，我真的做過不少違背父母心願的事。父親希望我當一位賢妻良母，認為女孩子不必做什麼大事業，所以反對我進醫學院就讀，但是我還是堅決地去念了醫學院。父親告誡我，除非要當藝人，否則應該要好好地念書，而我還是瞞著他進了演藝訓練班，經常熬夜練習公演。如此這般，我逕自做些父親禁止的事，邁向他叫我不要走的路，而後逐漸長大成為現在的我。有一次，我打電話質問媽媽：「我要結婚時怎麼沒有阻止我？」當時媽媽答道：「說了妳就會聽嗎？」這句話真是經典。後來每當我兒子、女兒讓我感到傷心煩惱時，很奇妙地，這句話就會立刻浮現在我的腦海。如此一來，原本傷心又怒火中燒的我，心情隨即和緩下來，同時也讓我得以站在孩子的立場來考量。

父母總是認為孩子出生時是一張白紙，而父母所扮演的角色，就是把他們從一個原本吃飯、行走坐臥都不會的人，培養到長大成為無所不能的人。因此父母會根據自己的想法去引導孩子、干涉或強迫孩子。但是孩子出生到這個世界上，擁有自己的生命藍圖。他們根據自己的發展計劃表，時間到了就會走、會說話、會做決定，然後長大成人。他們自訂的計劃表相較於其他孩子，可能會稍微落後，可能會與父母的期望不同，或者無法達到父母的期望。但是，父母如果根據自己的想法來操控孩子，孩子反而會偏離自己的計劃。**孩子不是父母的財產，我們必須清楚明確地認知到這個事實，才能防止父母和孩子陷入不幸的狀態**。那麼，在父母和孩子之間，究竟什麼才是最重要的呢？

1.孩子不是被分析的對象

那是發生在我女兒小學一年級時的事。一個看起來像遊民的男人，從垃圾桶裡撿起一個別人沒吃完丟掉的漢堡出來吃。看到這個情景的女兒對我說：「媽媽，妳不能給那個男人麵包。」女兒意識到人與人之間的不平等，心裡感到沉重，並且說道：「不要給他麵包，要教育他，叫他去工作。」女兒的話是對的，雖然現在遊民需要的是麵包，但是明後天他如果還想吃麵包，就必須去工作，賺取買麵包的錢。不過才就讀小學一年級的女兒，我都沒有教過她，她居然有這樣的想法，我覺得非常神奇。後來想想，我是不是把女兒看得太過幼稚，因為女兒已經知道一個人需要些什麼了。我深深地反省自己，是不是把女兒看作是一個沒有我的協助，就什麼都不懂的孩子了呢？

父母總是認為孩子的成敗，完全取決於父母本身，因此只要孩子略微反抗己意，就會大發雷霆，要求孩子改過。為了照料孩子的發展狀況，涉獵各種育兒書籍，透過各種精神分析術語，掌握理論的母親們，往往替孩子的未來建立了一套完美的計劃。然而，這些聰明且學識淵博的媽媽們經常來找我諮詢，說自己的孩子出了問題。然而依我來看，問題其實出在媽媽身上。當然，她們會異口同聲地抗辯說自己毫無問題。其實她們錯過的事情只有一件，那就是愛。「當你看到別人的孩子時，通常你會怎麼做？當他們做錯了某事時，你會說：『哦，沒關係。』當他們做得好時，會稱讚說：『哇，太棒了！』對吧？」但是為什麼你無法這樣對待自己的孩子呢？**你對別人的孩子的回應，才是真正應該教導自己孩子的方式**。但是在教導孩子之前，你必須先做出反應，摸摸他、抱抱他，給他充分的愛。父母一心一意地想要引導孩子走上正確的路，但是，對孩子下判斷，提供孩子必要的東西，都應該排在給予孩子足夠的愛之後。孩子是在經歷無數的錯誤和失敗之後，一步步地邁向世界。如果父母教導孩子時，不原諒他所犯下的錯誤，並且規定孩子以後再也不可以那麼做，孩子會變得畏畏縮縮。因此，如果想讓孩子真正地長大成人，父母應該用溫暖的愛來包容他們的錯誤，**相信自己的孩子，等待孩子的成長**。美國諮詢專家貝弗莉·恩格爾（Beverly Engel）曾說：「童年時期來自我們信任且依賴的父母的溫暖擁抱，可以止住從受傷的膝蓋所流出來的血。」

2. 職場媽媽必須拋開不必要的愧疚感

我開始上班後，將一雙兒女委託給公婆照顧，因此內心一直感到非常愧疚。然而有一天，我聽到婆婆有意無意地對著孩子說：「沒有媽媽帶大的我的寶貝啊！哎呀！你們真是太可憐了。」我明明還活得好好的，婆婆卻把我的小孩說成是被媽媽拋棄的孩子，這實在是太冷酷無情了。當時我很想辭職，但是家裡的經濟情況，又是必須與先生一起工作才能維持，我實在很想問婆婆，到底要我怎麼辦才好？每天早上與不想跟媽媽分離的孩子糾纏半天時，我心中就一直存有「丟下孩子去工作是對的嗎？」這樣的想法而糾結不已。當今社會中，父母親都在工作的雙薪家庭相當普遍，但是在二十至三十年前，女孩子通常一結婚就會辭去工作，而我因為工作這件事，變成「奇怪又自以為是的壞媳婦」。然而，最近我剛好去上了一門課，遇到許多職場媽媽，讓我感到非常驚訝。隨著時代的改變，女性必須負擔家事跟育兒責任的觀念不但已經落伍，反而還巧妙地被當作是打壓女性的佐證。

女性扮演了許多角色。除了在公司裡工作職務的角色外，還必須扮演女兒、媽媽、太太、學姐、一般人等各種角色。但是沒有人能夠扮演好所有的角色。在工作和生活之間取得平衡，已經成為這個時代的熱門話題，為了取得平衡，我總是勉勵自己要加油。同時能夠把工作做得很完美，也能完美地撫育孩子的女超人，只是一種幻想。只要是人，可能偶爾工作上就會有些疏失，有時會忽略了家務或照顧孩子。因此，**不必責怪自己未能完美地完成所有事情**。感到愧疚這件事，對母親和孩子都不好。女性若是為了照料孩子導致無法工作而感到心煩，或是因為工作而無法好好地照顧孩子而戰戰兢兢，到最後累積的壓力，可能會在孩子面前爆發出來。

對於職場媽媽而言，最需要做的事，就是必須拋開不必要的愧疚感，決定好事情的優先順序，區分必須要做與不做也行的事，依據重要程度來處理事情，並且勇敢地略過或丟掉某些事情。下班後，職場媽媽最優先該做的事，是先跟渴望母愛的孩子一起玩耍，花費十到二十分鐘的時間專心陪伴孩子，然後再去做家事也不遲。其實家事就算晚一天再做，天也不會塌下來，盡你所能地生活便已足夠。職場媽媽照顧孩子的時間，當然不能與全職家庭主婦相比，但是切莫忘記，相較於數量，更重要的是品質。

3. 如果你想好好養育孩子，必須給他「適當的挫敗感」

即使是小事，只要能夠獨立完成，就會讓人產生自豪的成就感，這種成就感會讓人勇於挑戰更艱難的任務，即使失敗，也會有再度挑戰的勇氣。然而，父母有時候會在孩子覺得困難或卡關時，替孩子處理掉，但是其實孩子有充分的能力可以自己完成。如此一來，任何事情都是由媽媽幫忙做的孩子，只要一碰到困難，就不會想要自己尋找解決方法，而是會先去找媽媽，而且只要有一點點困難，就很容易會崩潰。就像再多走幾步路，就會自己走路的學步期的孩子一樣，如果你不給孩子機會，反而趕緊去抱住他，讓孩子連跌倒的機會都沒有的話，最後他可能不會走路，這是同樣的道理。因此，如果你希望孩子健康地成長，必須經常給他跌倒後再站起來的機會。換句話說，需要故意賦予他「**適當的挫敗感**」，必須讓他充分練習跌倒後再站起來，這樣孩子將來才能憑藉自己的力量，克服他所遇到的無數問題與危機。

然而，現在的孩子經歷的挫折經驗太少了。因為只要是孩子想要，無條件滿足孩子需求的父母越來越多。這或許是童年時期在不富裕環境中長大的父母的補償心理，所以只要孩子提出要求，都會努力地去滿足他。然而這種只要想要就能立刻擁有的孩子，會非常缺乏忍耐心，控制欲望的能力也會明顯降低。但是天下沒有白吃的午餐，也沒有不勞而獲的事，缺乏忍耐心的孩子，最後將會一事無成。相反地，經歷過挫折的孩子，則會知道只要稍微再努力一點，就能有所收穫。因此，令人沮喪的挫折或許有風險，**但是透過適當的挫折，讓孩子學習忍耐，而且讓他知道必須努力，這點對孩子而言非常重要**。父母雖然應該安全地保護弱小的孩子，但是請不要忘記，總有一天孩子需要自己邁向廣闊的世界，培養其所需的能力至關重要。

4. 孩子必須過孩子的生活，父母必須過父母的生活

為人父母並不容易。當孩子想做的事情，跟父母的期待不一樣時，若要父母不生氣、不干涉，也不約束地去教導孩子，真的非常困難。此外，父母也不是時時刻刻看著孩子時，都會覺得幸福又快樂，每天要幫孩子梳洗、餵食及照料，偶爾也會讓人感到疲倦及煩躁。每當這種情況發生時，父母往往會心生愧疚，覺得自己應該盡其所能地給孩子最好的一切才行。當然，這個想法並沒有錯，但是你不需要認為偶爾感到厭煩的自己，就是個壞媽媽或壞爸爸。

我有許多患者不僅想要成為好父母，更執著於必須成為模範父母。尤其是童年時期經歷過不幸福家庭而長大的人，更會強迫自己要成為好父母。他們不允許自己擁有短暫的休息或閒暇的時間，認為必須把所有時間都奉獻給自己的孩子才是善盡父母之責。但是如果父母處於疲累及艱困之時，還要勉強自己要微笑，對孩子而言真的是好的嗎？孩子其實很敏感，他們會感受到母親勉強的笑容，會擔心是不是自己犯了錯，才讓媽媽做出這樣的表情，會懷疑是不是媽媽討厭自己了？孩子會一直在看媽媽的臉色。因此，當你感到很辛苦時，不妨暫時休息一下，或是轉換好情緒後，再去面對孩子比較好，因為孩子也不想看到

辛苦又疲憊的媽媽。

再者，**如果想成為一個好的父母，必須先從照顧好自己的生活做起**。孩子有孩子的生活，父母有父母的生活。孩子並不想要一個拋棄了自己的人生，然後把人生都寄託在孩子身上的父母，也不想要一個把自己未實現的夢想，轉嫁在孩子身上的父母。當父母默默地過著自己的生活時，孩子會在一旁學習，並且準備過他自己的人生。因此，父母和孩子之間，最需要的是能夠相互扶持並加油打氣，疲憊時給予對方關懷，並說出自己的愛。

夫妻之間不可或缺的五項要領

沒有逃跑且維持超過三十年的婚姻生活後，我所獲得的領悟是，夫妻之間的距離可以說是最親密，也最疏遠。

過去的年代，理所當然是丈夫在外面賺錢，妻子在家操持家務及養育孩子。然而，現在是不管有沒有生兒育女，夫妻雙方都在工作，都想在社會上取得成功，為了實現自己的夢想，都希望配偶能成為自己的後盾。因此，婚後如何分擔家務，如何養育孩子，成為一個爭議性的問題。當夫妻兩人結束公司繁重的工作回到家後，必須親自準備晚餐、洗碗及打掃，家裡大大小小的事都要處理，還必須支付家用開銷。有了孩子後，還要照顧孩子，幾乎沒有時間分配給已成為綠葉的配偶。

如此一來，夫妻之間失去了彼此對話的時間，只顧著汲汲營營於處理眼前的問題，不知不覺地，配偶變成了無論在任何情況下，都不會隨時支持自己，只是把家事跟育兒都扣在自己頭上的冤家。韓國作家趙南柱的小說《82年生的金智英》裡的女主角金智英正是如此。在為何不快點生小孩的公婆賦予的壓力之下，她很快地懷了孕，但是在公司整體氣氛上並不歡迎這樣的職業婦女，她自己也在苦惱小孩生下後沒有適當的托兒地點之餘，不得不辭去工作，然後生下了小孩。但是，並沒有人分擔她所承受的重擔。於是她最後對丈夫大聲怒吼著：

「你可不可以不要再說你會幫忙我的話？我會幫你做家事、我會幫你照顧小孩、我會幫你工作……這個家難道不是你的家嗎？家事不是你的嗎？孩子不是你的嗎？如果是我去工作，難道錢只有我自己花？為什麼像是對別人大發慈悲似的對我這麼說話？」

撇開是非對錯不談，在現今社會中，認為家事跟育兒是女性的責任，而男性是「幫助」她的想法依舊相當普遍。如此一來，女性即便結了婚也不想生孩子，以免成為第二個金智英。然而，即使不生小孩，也並不意味著夫妻之間的衝突因素全都會消失。夫妻之間存在著對於愛與性等相關因素的意見分歧、男女之間的差異、與婆家或親戚之間的關係、分別來自超過三十年以上的不同文化背景、具備不同的生活方式與價值觀等的差異，衝突因素不勝枚舉。

即使是身為精神分析專家的我，也無法擺脫使夫妻關係惡化的因素。有時候會覺得婚姻生活太可怕，真想丟下一切逃跑，甚至曾瞬間產生想要離婚，打包行李一走了之的念頭。然而，沒有逃跑且維持超過三十年的婚姻生活後，我所獲得的領悟是，夫妻之間的距離可以說是最親密，也最疏遠。在如此微妙的夫妻關係之中，若要讓妻子和丈夫都變得幸福，必須遵守的是什麼事呢？

1. 不要對彼此期望太多

有一位從小失去父親的病患，遇到一位宛如父親般感情豐富且溫暖的男人，並與他結了婚。但是她婚後才發現，丈夫與父親截然不同。有別於只要她一撒嬌就全盤接受的父親，丈夫常說：「親愛的，我很累。」每當丈夫週末也要工作時，不但沒有說抱歉，甚至一點都沒有努力去試圖安撫她的情緒。她對丈夫的冷漠感到憤怒，並說她無法再跟他一起生活。

她想從她丈夫那裡得到她無法獲得的父愛。但是丈夫並不是父親，丈夫的愛和父親的愛，從一開始就不一樣。因此，期待從丈夫那裡獲得父愛，本身就是一個錯誤。但是我們往往會跟她一樣，對自己的配偶抱著太多的期待，特別是幼時曾經被家人傷害過的人，會將無法獲得解決的不恰當情感，轉移至配偶身上，並以對方無法全然包容為理由，而埋怨配偶。當然，因為認為兩人是世界上最親密的關係，會有對方應無條件包容自己想要的一切的想法，也是理所當然。但是，配偶並不能成為你的父親、母親或是兄弟姐妹。換句話說，想要從配偶那裡得到你在幼時無法從家人身上獲得的東西，這樣的想法是錯誤的。因此，**當你找不到你們的夫妻關係為何變糟的明確理由時，或許問題可能在你身上，而不是對方**。此時，有必要回顧一下是否內心曾經受傷的小孩，已經對現在的生活產生錯誤的影響。如果對方絕對無法提供你所要求的東西，那麼，降低你自己的過度期望，才是當務之急。

2. 不要挑剔對方

美國精神科醫師大衛．柏恩斯（David D. Burns）曾經針對兩百對婚齡很長的夫妻進行問卷調查，目的是為了找出婚姻不幸福的原因，他認為至少可以找出五到十種因素。然而，調查結果顯示原因只有一種，那就是挑剔。因此，柏恩斯把挑剔定義為一種破壞親密關係的原子彈，並囑咐大家不要挑剔配偶。心理學家約翰．高特曼（John Gottman）教授所提出的破壞婚姻四個要素，其中一個也是挑剔。

但是，令人意外地，我們很難不挑剔配偶，因為夫妻長期共同生活在一起，即使感到不耐煩，還是必須討論誰去餵孩子吃飯、誰去倒垃圾、明天回婆家時要帶什麼東西等，這就是夫妻關係。即便在失望或發火等負面情緒爆發之際，卻也無法避免必須持續面對彼此的狀況。於是在某個瞬間，敏感的情緒會突然化為尖銳的話語去傷害對方，彼此開始撕破臉，非本意卻脫口而出的話，在彼此內心留下了傷痕。

如果夫妻無法避免吵架，我們所能做的最好的事，就是**再怎麼生氣也不要說出挑釁對方缺點的批評**。尤其必須避免針對學歷或對方家庭的批評，以及侮辱對方人格的責難。此外，在生氣時，必須要有一段就算短暫也好的獨處時間，以便讓自己冷靜下來。唯有如此，我們才能擺脫互相批評的陷阱。

3. 彼此不要忘記對方是「女人」和「男人」

結婚之後，隨著歲月的流逝，我們最先忘記的事情之一，就是對方是「男人」及「女人」這樣的事實。隨著年華老去，夫妻看到彼此的臉時，內心不再悸動不已；看到原本只要分隔兩地就會朝思暮想的臉時，別說是害羞，根本就無動於衷，也不再想要展現自己美麗或帥氣的一面給對方看。有些人認為，在經過了一刻都離不開對方的熱戀期之後，昇華為舒適而穩定的愛情反而更好。然而，這不應該成為粉飾自己的懶惰或厚顏無恥的藉口。此外，即便已經結了婚，想成為一個女人或男人的渴望，並不會消失。因此，如果你想持續幸福的婚姻生活，必須**將對方視為一個男人或女人，盡可能努力去維持內心的悸動**。

4. 新鮮感的力量很大

我記得電影《愛在黎明破曉時》（Before Sunrise）的女主角席琳（Celine）曾經說過這麼一段話：「你昨天說過，老夫老妻會因為對彼此要做什麼都一清二楚而感到膩煩和厭倦吧？我的觀點恰恰相反。知道彼此如何梳頭、穿什麼衣服、什麼狀況下會說什麼話，那才是真正的愛情。」然而，事實卻與她的想法正好相反，夫妻之間與配偶共處的時間越長，十之八九會陷入熟悉感的認知錯誤。不知從何時開始，我們總是會經常挑剔配偶的缺點，對彼此感到疲憊又心煩。美國紐約州立石溪大學（Stony Brook University）專攻愛情心理學的亞瑟．亞隆（Arthur Aron）教授曾經進行過一項有趣的實驗，目的是為了找出維持長久婚姻生活的關鍵要素。他將結婚平均超過十五年的五十三對夫婦分成三組：其中第一組是每週共同進行一次諸如看電影等，讓人覺得熟悉又愉快的活動。第二組是一起從事跳舞或聽音樂會等，平常較少做的事。第三組則是一如往常的生活。經過十個星期以後，調查結果發現，第二組，亦即進行平常鮮少從事的活動的夫妻，對婚姻的滿意度明顯高於其他兩組。這項研究結果發現，新鮮感是維持婚姻生活歷久彌新的首要關鍵，我也同意這一點。

無論多麼忙碌或辛苦，**夫妻最好能夠找到某項新鮮事物來一起做**，這項活動不一定要非常昂貴，只要有心，不花一毛錢也能享受人生的方法其實很多。

5. 不要忘記最重要的人就是「自己」

我罹患帕金森氏症至今已經十八年，唯一不同的是，當醫生時是每天去醫院上班，現在則是以病人的身分進出醫院。當我因為太過疼痛而吶喊求救時，醫生或護士雖然能替我打針、開處方，但是無論如何，疼痛只能由我自己來承受。在破曉時分，獨自醒來等待疼痛減緩的煎熬時刻，是無比的孤獨與寂寞。但是，當經歷過了巨大的痛苦並逐漸好轉之際，我對於克服了痛苦的自己，感到非常自豪。日復一日地克服痛苦而活到今日的我，終於明白了一個道理，那就是我的人生誰也無法取代，我的幸福、我的所作所為都是如此。過去，我曾經認為自己之所以不幸福，是因為嫁給了我先生，由於他太過忙碌而疏於照顧家人所致。因此，順理成章地，我埋怨並怪罪於他。但是為什麼當時我不曾想過創造自己的幸福呢？如同我先生無法代替我承受我的痛苦一般，我的幸福也不是他能為我創造的啊！**能夠讓我自己感到幸福的，只有我自己而已**。相反地，我也沒有責任必須讓丈夫幸福。當我領悟到此一事實時，我不再對丈夫感到怨恨，我開始正視在一旁以某種程度，設法努力照護生病的我的他。即使人生是我自己的，但是身旁有個經常擔心並關心著問道：「妳吃過飯了嗎？」「今天有沒有好一點？」的丈夫，我感到相當幸運。因此我對正苦惱著是否要離婚的人說：「隨時都可以離婚。但是最重要的是妳自己。這是妳的人生，重要的是妳不能在擔心丈夫或孩子的生活時，為了他們的幸福而失去了自己。守護妳的人，只有妳自己。」

媳婦永遠不可能成為女兒，女婿不可能成為兒子

只要努力配合彼此即可，不要期待雙方成為如同兒子或女兒般的關係。

不久前，在我和好友們一起聚會的場合裡，一位朋友說：「天啊！我沒想到我的兒子竟然會這樣。他以前都不會這樣，結婚後都只顧著他老婆。他怎麼能這樣對我呢？」我噗哧一笑，回應她說：「兒子結了婚當然要配合他老婆，為什麼妳會認為應該要配合妳？」朋友的兒子已經不是什麼都不會，需要父母照顧的孩子了。他已經長大成人，遇到相愛的女子並且結婚共組家庭，凡事與自己的妻子慢慢協調契合才是對的。當然，我也有個適婚年齡的兒子，並不是不能理解朋友的落寞感。即便我兒子遇到再怎麼相愛的女子，還是希望他最好能說出「當然是媽媽更優先」的話，不過我也暗自告訴自己說：「我不應該這麼想。」

女兒結婚後，會多一個女婿，兒子結婚後，會多一個媳婦。但是我們在迎接新家人時，不知不覺

間使用了暴力。不僅將兩臂交叉於胸前，以「當然是你要來配合我們家」的態度來看待媳婦與女婿的所有行為，這樣理所當然會有很多令不滿意的地方，並且對他們百般挑剔，彷彿只要不符合我們家人的期待，就要當場解雇對方一樣。然而，媳婦和女婿並非初入某公司，必須學習與熟悉該公司的規矩，領月薪的新進人員。若非要解釋清楚的話，他們其實是待在截然不同的環境裡生活了三十多年後，如今才進入我們家門，因此對我們家的文化當然毫無所悉，就跟外國人沒什麼兩樣。

當你遇到完全不了解韓國文化的外國人時，會如何對待他呢？你可能會親切地向他介紹韓國的文化，萬一有不合口味的食物，或許也會建議他不要吃；如果他有不合宜的舉動時，也會盡量尊重彼此的差異，而且還會慢慢地等待，直到對方適應韓國文化為止。媳婦與女婿也是一樣。婚姻是截然不同的兩種文化的交流，因此需要具備尊重彼此差異的態度。如果希望媳婦與女婿能夠早日「成為我們家族的一名成員」，而試圖改造他們的話，只會讓雙方的關係更加尷尬。他們在截然不同的家庭裡生活了超過三十年，並沒有義務遵循及配合婆家或岳家的文化，因為再怎麼努力去配合，也不可能完全契合。更何況我自己生的女兒，也有不合我意的時候，媳婦怎麼可能完全符合我的心意？而且和媳婦與女婿一起生活的人也不是我，而是我的孩子，或許他們終究將創造出有別於我們家的另一個迥然不同的文化。

因此，在迎接新家人時，具備「**開放的心胸**」（open mind）非常重要。若是想要彼此融合，需要花費相當時日，所以必須給進入我們家這個陌生環境的媳婦與女婿一段適應期才行。此外，也必須拋棄只有我們家的方式才正確，這種固執己見的思維，並且「爽快地」認可並接受媳婦與女婿的優點。只要努力配合彼此即可，不要期待雙方成為如同兒子或女兒般的關係。

我先生最近只要接到女婿的電話，就會忙著向周遭的人炫耀說：「喂，你經常打電話給岳父嗎？今天我女婿打電話給我了。」我們有了這個女婿不過才兩年左右，我先生原本並沒有特別期待女婿會打電話給他，所以每回接到電話時，都非常地開心；但是另一方面，他認為兒子理所當然應該打電話問候父親，所以沒有接到兒子電話時，會覺得很不是滋味。像這樣對兒子與女婿的不同期望，便是這兩者之間的差異，這是無法跨越的鴻溝。女婿絕不可能成為兒子，同樣地，媳婦也永遠不可能成為女兒。因此，婆婆說出「我會把妳當成自己的女兒對待，妳也把我當成自己的母親」的話，是不可能實現的渴望。雖然婆婆是希望表達親近之意，但是這句話講多了，反而會對媳婦造成心理負擔而出現反彈。

所有關係都有界限，迅速認知到彼此的界限時，關係反而才會有所進展。最典型的例子就是婆媳之間的關係。苦惱著「為什麼我跟婆婆還是不太合？」的媳婦，雖然不得不跟婆婆保持互不干涉的關係，但是只要彼此能想到「雖然不太合，至少還是關懷著家人的婆婆」，或是「雖然不太合，但至少還是與我兒子共同生活的善良媳婦」，在不合拍的感情之間，自然會萌生感謝之情。如此一來，不太融洽的關係就會逐漸改善，變得更好一些。若是能保持這種程度的距離，不就夠了嗎？

觀察女兒的婚姻所領悟到的事

子女的獨立並不會讓父母與子女的關係疏遠，而是使得關係進一步昇華，開始讓彼此角色改變的一個過程。

女兒三歲時罹患了心臟病。大手術前的某一天，女兒對我說：「老天爺真壞。如果讓一個人出生的話，就應該要讓他幸福快樂地活下去才對，為什麼要讓人生病呢？」聽了這段話，我的心都碎了。為什麼身為父母的我健康無事，只有我的女兒生病，到底我做錯了什麼事，老天要讓我承受如此嚴峻的考驗，我真的很怨恨上帝。然而更令人沮喪的是，除了上帝之外，我沒有其他可以依靠之處。當時我祈求上帝，要我做什麼都可以，只要讓我女兒活下去。幸運的是，手術非常成功，女兒也恢復了健康。從此之後，我放棄了對女兒的所有期盼，只希望她能夠健康長大就好。轉眼間，女兒二十七歲了，而且還帶了一個想要共度一生的男人回家。

「任何人都必須嘗試擺脱父母或老師的羽翼，邁步向前才行。」

這是赫曼・赫塞（Hermann Karl Hesse）的《達米安》一書中，出現的一句話。三十四年前，我結了婚，並且離開父母的懷抱，而在三年前，我也看著自己女兒結婚及獨立的模樣。當我獨立時，只是抱持著將即將開創自己人生的悸動心情，完全無暇顧及父母的心情如何。然而，當我女兒說要結婚的瞬間，坦白說，我並不是很開心。我希望女兒能留在自己身邊久一點，面對興奮地準備結婚的女兒，有時我心裡會感到難過。雖然我覺得女兒看起來年紀還很小，但是卻不得不送走她。那時我才意識到自己進入為人父母的第二道關卡，就是不再扮演把孩子擁在懷中，保護及照顧他們的角色，而是成為送走長大成人的子女，守護著子女成家立業的角色。回顧那個在女兒獨立前心慌意亂的自己，我想，對於子女的獨立真正感到害怕的人，或許不是離巢的子女，而是必須送走子女的父母也說不定。

父母一方面想看到孩子很瀟灑地獨立，生氣蓬勃地去開拓自己人生的模樣，另一方面卻又無法接受子女真正地獨立門戶。他們隱隱約約地告訴孩子：「你不太了解這個世界，這是一個非常危險的地方。」而讓孩子心生膽怯。因為唯有如此，子女才會害怕而不敢離開自己身邊。父母往往期盼子女能夠一如往常地依賴自己，始終維持著緊密的關係。然而，父母越是想要阻止孩子獨立，孩子就越會跟自己唱反調。於是，從阻止自己獨立的父母身邊逃離，變成孩子的一個目標，但是真正獨立時，卻又不知道該如何是好，成了一個在人生道路上徘徊的傻瓜。因此，如果希望自己的孩子成為社會上堂堂正正的一分子，並且能好好地活下去的話，在為時已晚之前，父母應該放棄將子女綁在身邊的欲望。

雖然人們認為獨立很好，但是另一方面，也覺得這是件讓彼此關係變得疏遠，而令人感到悲傷的事。然而，**子女的獨立並不會讓父母與子女的關係疏遠，而是使得關係進一步昇華，開始讓彼此角色改變的一個過程**。如今，子女已經必須獨立並組建自己的家庭。此時，父母所能做的就是脫離原本絕對性的保護者角色，成為一個提供穩固後援的大本營。在攀登諸如喜馬拉雅山這種高山時，探險隊通常會先建立一個大本營。它是一個探險隊休息及進行萬全準備的前哨站，也是避風港。因此，當探險隊試圖攻頂時，萬一不順利，會先返回大本營休息及補充元氣。成年的子女所需的正是這種大本營。在失敗或遭遇挫折時，能夠暫時先回來，放鬆地休息並獲得撫慰；因此，這個能夠確認自己並非孤軍奮戰，可以取得再次挑戰能量的地方，就是稱為「家庭」的大本營。

對於疲憊且辛苦的子女而言，擁有相信自己的可能性的家人，將成為其穩定的力量。但是，為了攻頂而努力去挑戰，卻是孩子的本分。我們或許還是會對獨立的子女感到不安、不信任及擔心。但是我們不能凡事去干涉成年子女，不能對子女的人生指手畫腳，更不應該試圖掌控及撼動子女的人生，那只會對早晚要離開的子女，造成另一種精神負擔，並且造成其內心的傷痕。父母能夠為離巢的孩子所做的事，就是祝福與鼓勵。亦即對即將拓展自己人生的子女，激勵其士氣。如此一來，獨立的子女才不會覺得是迫於義務，而會發自內心地經常與父母聯絡，這樣家庭才能真正扮演著大本營的角色。

「母親不是讓子女依賴的人，而是讓子女不再依賴的人。」這是美國作家桃樂絲・肯非爾德・費雪（Dorothy Canfield Fisher）在小說《媳婦》中，總結母親的角色時，所寫下的一句話。我在看著女兒婚姻生活的模樣後，重新體會到這句話的意義。至今我仍將女兒視為一個需要受到保護的孩子，但是她已經成為一個真正的大人了。幸好我不曾向女兒吐露自己的這種想法，只是相信女兒會做得很好。偶爾跟女兒通話時，會覺得女兒做得比我還好。那時，即使我什麼都沒做，心裡也會感到十分欣慰。所以我認為，**父母與成年的子女能給對方最大的禮物，應該是彼此都讓對方看到自己正過著幸福的人生吧！**有時因為彼此太過忙碌而疏於聯繫，可能真的不知道對方過得如何。但是無論如何，彼此之間的關係絕不會疏遠。三年前，女兒懷了她期待已久的孩子，不久後卻又流產時，我靜靜地擁抱著女兒，並且對她說：「這不是妳的錯，知道吧？」這樣就夠了，不是嗎？還需要多說些什麼呢？

相愛的戀人之間所需的最佳距離

如果想要永遠與心愛的人持續長久的愛情，必須培養可以「獨立及相伴」的能力。

「我非常愛他。如果他離開的話，我寧可死。」

「在我跟他交往期間，我從來不曾好好地跟其他朋友碰面。我覺得快窒息了，再這樣下去，我可能會死掉。」

他們是一對一見鍾情後，宛如魔法般墜入愛河的戀人。然而，一年後的今天，不能忍受片刻看不到男友的她，調整了自己的全部生活作息以完全配合他。相反地，男子似乎也因為她二十四小時監視著自己的一舉一動，而感到戰慄及痛苦不已。

一年前剛開始談戀愛時並非如此。當時聽到對方的聲音，內心就會悸動不已；吃到美食時，心裡就想說「下次一定要跟他一起來吃」；看到美好的事物時，會因為沒有一起來而感到惋惜，無論做什麼事，都會先想起對方。因此，只要跟對方一分開，就立刻又會想再看到對方，於是整個晚上抱著電話不放，情話綿綿。彷彿找到自己遺失的另一半似的，欣喜之情湧上心頭，陷入熱戀而渾然忘我。這樣的一對情侶，為何才一年就變成因為無法分手，而飽受痛苦折磨的關係呢？

當人們提及「愛情」一詞，往往就會想到「墜入愛河」（falling in love），但是那並非愛情的全部。愛情是從墜入愛河的階段開始，經過「談戀愛」的過程後，再進入「真愛」的階段。墜入愛河的兩人會彷彿與世隔絕般，融為一體而欣喜若狂。然後在談戀愛的階段，透過逐步調整各自的步伐至同一個方向，共同創造一個新的世界；最後進入真愛的階段時，則可以在舒適又溫暖的關係中休憩，獲得在人世間活下去的力量。從兩人單獨的浪漫及充滿激情的熱戀，搖身一變為與世界接軌的平靜且安穩的真愛。

然而，當熾熱的感情降溫時，我們往往會懷疑愛情為何變質，彷彿愛情已然消逝般，感到悲傷和焦慮。其實熱情如火的愛情，是因為與外界隔絕，專注於兩人關係的狀態所致，它會造成工作及與他人見面等日常生活方面的障礙。太過熱戀的火花，會讓兩人甚至其周圍都變成廢墟。然而，只相信熱戀才是真實的人，最終將無法抵達真愛的階段。因此為了再次嘗試那種合而為一的刺激及喜悅，又會再去另覓他人。

即使很幸運地通過了這個關卡，也未必就能立刻進入真愛階段。如果想要長久維繫愛情，你還必須通過所謂「獨立及相伴」的關卡。**人們同時擁有渴望與他人親近，但又能保持自己的獨立性及自主性的雙重欲望**。換句話說，當我們與某人變得親近時，內心會出現害怕被對方全部吸引而失去自我，或是任由對方擺佈的恐懼，於是自然而然地產生想要維持自主性的欲望。因此，如果某一方處於過度無法忍受分離的狀態，另一方就容易因為自主權受到侵犯而感到憤怒，進而產生相處的問題，就像前述的那對情侶一般。因此，**為了維持長久的愛情，在兩人保持親密的同時，也必須忍耐彼此分離的時間**。亦即，需要保持能夠「獨立及相伴」的距離。

嬰兒只要與媽媽暫時分離就會感到不安。因為嬰兒曾在媽媽的肚子裡，與媽媽連為一體，出生來到世界上後，才與媽媽分開。所以，嬰兒隨時隨地都在尋找媽媽。每當此時，媽媽只要用愛的眼神予以回應，嬰兒就會感到安心，即使獨處也不會過度感到害怕。相信媽媽會一直守護在自己的身邊而長大的孩子，即使獨自一人，也不會感到不安。相反地，如果孩子在尋找媽媽時，沒有看到媽媽，將會十分擔心媽媽就此離開自己。在這種焦慮中長大的孩子，即使長大成人也不喜歡獨處，而且會不時擔心自己心愛的人將棄自己而去。因此，他們會將自己所有的一切奉獻在這段關係裡，同時想要宛如變形蟲般的與對方合而為一，就連短暫分離也無法忍受。但是這樣的愛會讓對方感到窒息，最後導致對方離開。

因此，**如果想要永遠與心愛的人持續長久的愛情，必須培養可以「獨立及相伴」的能力**。在彼此的親密關係中，盡情展現自己的能力，同時也定期地培養可以獨處的能力。為了做到這一點，情侶之間必須對於親密與分離達成共識，讓彼此能夠大方地說出自己想要定期地顧及與他人的關係，當然，每逢此時，也必須能夠體諒對方，讓對方可以暫時離開自己身邊。透過這樣的過程，戀人們即使獨自做任何事，也能抱持著對方一直與自己同在的信念，並且對彼此衷心感謝，達到真愛的狀態。根據社會學家克里斯多夫．拉許（Christopher Lasch）的說法，亦即遇見「寒冷世界裡的天堂」。

相愛的戀人之間，越是相愛，越需要距離，也就是必須擁有隨時可以「獨立及相伴」的距離。若是偶爾因為距離太遠而感到不安時，紀伯倫（Kahlil Gibran）的詩〈在你們的依偎中保留幾許空隙〉或許足堪慰藉。

在你們的依偎中保留幾許空隙。
讓天堂的風在你們之間舞動。
彼此相愛吧！但切莫讓愛成為束縛。
讓愛如波動的汪洋般，

在你們靈魂的兩岸間奔流。
斟滿對方的杯盞，但莫共飲一杯。
給予彼此麵包，但莫分食同一片麵包。
一同歌唱、跳舞、共同歡樂，但讓彼此各自獨立，
正像弦樂器的絃線，彼此獨立分開，
但卻可以合奏出音樂。

獻出你們的心，
但不要將自己的心交給對方保管，
因為只有生命之手才能收藏你們的心。
站在一起吧！但不要靠得太近。
神廟的廊柱也是彼此分開豎立，
橡樹和柏樹亦無法在彼此的蔭影下生長。

不要因為孤獨就隨便找個人充數

缺乏真誠的交往，會讓人們變得疲憊及空虛，最後只會倍感孤獨。

不要哭泣。
因為人是孤獨的，
生活就是忍耐孤獨寂寞，
不要等待無緣無故不來的電話。
下雪時，漫步在雪路；
雨來時，在雨中走走。
蘆葦叢林中，黑色胸脯的鷸鳥正看著你。
偶爾上帝也會因孤獨而落淚，
鳥兒也因孤獨而棲息在樹枝上，
你坐在水邊，也是因為孤獨。
山影也因孤獨而每天一次降臨村莊，
鐘聲也因寂寞而鈴聲飄遠。
——鄭浩承之詩，〈致水仙花〉

人生在世，偶爾會有巨大的孤獨感席捲而來。

此時，孤獨會讓自己感覺像是「赤身裸體的人」「什麼都不是的人」。由於伴隨而來的是相當難以忍受的痛苦，所以人們都害怕孤獨。因此人們會盡量避免孤獨，或是強迫自己與他人建立關係，努力地消解孤獨。

但是近來人們非常討厭心靈受傷這件事。因此會與他人保持適當距離，不輕易與他人深交。因為如果想要與他人建立親密的關係，就必須吐露自己的內心，然而人們總是害怕揭開自己脆弱又卑微的內心的瞬間，會讓對方感到失望。因此，他們試圖掩飾自己的自卑和無助，虛張聲勢地偽裝自己，做不到的事情，也趾高氣揚地假裝自己辦得到。這種自我炫耀的滿足感，宛如沒有實體的泡沫般，只能依賴他人的驚歎和歡呼來維持。此時，所謂的他人並不需要一定是某個人。反正他人只是用來展示自己有多麼優越及不凡的工具而已。

因此，即使他們愛上了某人，但是只要對方無法再滿足自己，或他們本身顯露出會讓對方感到失望的弱點時，就會立刻提出分手。對他們來說，最重要的是自己，絕對不是對方。對他們而言，對方的感情全然不是值得考量的對象。他們在分手時，相較於感到難過，更多的是很乾脆地收回自己的感情，好像什麼事都沒發生似的，輕易地一去不回，很快地又找到另一個對象。他們的愛情方式，就是享受激烈的速食愛情，輕易地感到挫折及憤怒，然後把責任轉嫁給對方，隨隨便便就提出分手。如果有人規勸他們「不要再這樣了，認真找個人交往吧」，他們只會說「太累了，一個人比較輕鬆自在」。

這類型的人討厭孤獨，更討厭受傷，只喜歡淡淡的交往關係。然而，為什麼他們明明隨心所欲地活著，卻依然飽受慢性焦慮及空虛感的折磨呢？他們雖然努力裝「酷」，但是內心深處卻隱藏著一個因為未曾好好地獲得他人的關愛及照顧而心靈受傷的小孩。這個小孩認為，不完美的自己永遠不會被愛。所以，**親密與分離同樣都是件痛苦的事，因為若要與他人親近，就必須曝露出自己不完美的內在。不過，這其實是一種錯覺。人們並非因為不完美而不被愛，而是由於害怕受傷而沒有敞開心胸，使得對方感到厭倦而離開**。

何況，如果我們只喜歡孤獨和淺交，受到傷害的機率反而更大。因為在趾高氣揚的外表之下，我們將會擔心隱藏在內心的不堪被發現，故而總是焦慮不安，同時也會懷疑對方是否也隱藏著什麼，導致彼此不斷猜疑而疲憊不堪。因此，缺乏真誠的交往，會讓人們變得疲憊及空虛，最後只會倍感孤獨。

每個人都希望即使自己長得醜、不會念書、不擅言辭、個性粗心大意，別人仍能夠愛我們的原貌；希望別人並不是因為我擅長做什麼才來愛我，而是即使我什麼也不會，別人也一樣會愛我。然而，若是想要達到這個目標，我們必須先有會受傷的覺悟才行。即使彼此再怎麼相愛，也不可能完全理解對方，因此發生衝突在所難免，而且為了解決這些衝突，無可奈何地就必須承受大大小小的傷害。換句話說，沒有傷害就沒有愛。

然而，如果放任因為害怕受傷而在內心暗自哭泣的孩子不管，那個孩子永遠不會長大。我們必須給那個孩子撫平傷口，站起來重新成長的機會才行。幸運的是，**愛將使它成為可能**。你看過相愛的人們像孩子一樣說話，玩著幼稚的玩具還咯咯直笑的模樣嗎？那等同於回歸到過去雖然渴望被愛，但卻只是飽受傷害的孩子，再次渴望被愛的模樣。不過，有別於過去的是，這次是愛的降臨，取代了傷害。「我漂亮吧？」當我這麼問時，我所愛著的那個人會回答我「你不管做什麼都很漂亮」。獲得這樣的回應時，我們內心的那個小孩會感到幸福，再次獲得成長的勇氣。無論愛會如何傷人，人們仍然不斷地去追尋愛情的理由，就在於此。因為世界上最幸福的事，莫過於彼此相愛，而我們孤獨的人生，也會因此而少些落寞。

所以，不要因為孤獨而離群索居。韓國的法頂法師對於所謂的結緣，曾經做過一番詮譯。他說：「不要隨便結緣。必須區分眞正的緣分和擦身而過的緣分之後，再來結緣。所謂眞正的緣分，是竭盡所能締結好的因緣；而所謂擦身而過的緣分，是無意間的一瞥而過。如果無法區分兩者，而與遇到的所有人都隨意結緣，將會導致無法與眞正值得相遇的人結緣，只能遇見討厭的緣分，生活會因而受到侵害而痛苦不已。不可以隨隨便便地與人結緣，如果連擦肩而過的人都想與之結緣，不過是在耗損時間而已。」人的一生中，美麗的緣分是能夠讓我們自己與對方都能夠真正成長的關係。若是隨便與人交往，隨波逐流地生活，這樣的人生，不是太可惜了嗎？

對於愛情最起碼的禮節

無論是相愛還是分手，抑或談另一段戀情，我們都不能或忘的是，真正的主體其實是「我」。愛情基本上是我本身感到快樂與幸福。

根據心理學家埃里希・佛洛姆（Erich Fromm）的說法，「給予」的意思是發揮自己的潛力。換句話說，因為我活著，為了充實自己，所以分享自己的能力與力量給他人。因此，透過愛而將自己擁有的某個東西分享給別人的經驗，是一件相當有意義的事。

就此層面而言，給予的行為並非易事。此外，究竟給予什麼，或是接受與否，也都要隨各人心意。當我們愛上別人時，自然也希望被愛。但是，如果有人說自己對感情不抱任何期待，覺得只是單純地愛對方就已足夠時，最好先探究一下他的內心。因為這種無條件的給予，必定有其緣由。

無論多麼相愛，你也不能隨意對待我

有一個不太會發脾氣，總是說沒關係的男子。

他對一名女子一見鍾情，追求了兩年後，終於開始正式交往。凡是她想要的，他都想盡量滿足她。他戒菸又戒酒，還為了心疼她辛苦搭車上下班，把自己的車讓給她開。雖然因此導致他自己的上下班時間從五十分鐘延長至兩小時，他也覺得甘之如飴。還不只如此。舉凡兩人約會所有費用都由他支付，甚至當她一說想跟朋友去海外旅行，但是沒有錢時，他馬上領出自己的積蓄，給她當作旅費。但是後來他才知道，她不是跟朋友，而是跟其他異性去海外旅行。對她而言，他不過是負責購物的提款卡，是需要時可以隨傳隨到的搬運工及代理司機而已。儘管如此，他還是說沒關係。他一再表示，只要他愛她，總有一天她會明白自己的心意。不，就算不知道也沒關係，給予就是一種幸福。

在談戀愛的關係中，當一個人更愛另一個人時，愛得越多的人，往往變成弱勢的一方。弱者經常會關注對方的情緒，努力去配合對方。當對方不知道他的誠心及關懷時，雖然會感到鬱悶，但是因為唯恐對方會由於自己的錯誤而離開，總是戰戰兢兢。

這位無論對方做什麼事都說沒關係的男子，也是愛情裡的一名弱者。然而，因為更愛對方，導致對方也利用這份信賴而隨意對待他的話，他應該要加以阻止才對。因為任何人都沒有權利可以不尊重、任意侮辱或傷害他人。他的行為等同於允許她隨意對待自己也沒關係，但是他卻誤以為這就是愛。有一句話說：「太痛苦的愛不是愛。」我所愛的人不愛我，雖然是件非常悲傷的事，但是堅持這樣的愛，毀掉的只有自己的人生而已。在我面前仍持續堅稱自己沒關係的這名男子，最後還是哭了出來。他覺得難以再忍受這種狀況，認為把一切都奉獻出去的自己，實在太悲慘了。幾個月後，他寄了一封問候信給我。說跟她分手沒有想像中那麼難受，雖然一直像口頭禪一樣嘴巴說著沒關係，但是真的不喜歡時，還是要說出來比較好。

面對分手，不要「裝酷」

「我們分手吧。」

接到單方面的分手通知時，沒有人會毫不在意。**失戀是所愛之人的死亡，也是被愛之自己的死亡，是兩人所創造之世界的死亡**。因此，失戀有時比死亡更令人痛苦。那是一種認為自己才是對方唯一之愛的幸福感消失的感覺，取而代之的是，只剩下那個萎靡又沒有價值，而且毫無意義的自己被留在原地。但是失戀所帶來的最根本及普遍性的痛苦，在於我們將自己從未曾分享給任何人的內心深處，呈現給對方看，但是他卻離開了自己的事實。特別是自卑感重的人，會認為是因為自己的內心太過卑微及醜陋，才會被對方拋棄。

因為分手太過痛苦而無法接受的人，有時候還會做出很丟臉的舉動。例如經常打電話給對方，聽對方的聲音，然後一語不發地掛掉電話；偷偷到對方的臉書（Facebook）或Instagram去確認對方跟誰見面、做些什麼事等等，哭哭啼啼地糾纏不停。有時候還會控制不住突如其來的憤怒，追究地問對方說「我到底做錯了什麼？」最後才慢慢地承認及接受對方不再回頭的事實。這是一種悼念的過程，在憤怒、悲傷過後，最後把與所愛之人的回憶銘刻於心，並且送走對方。悼念是接受及克服分手的過程，也是任何失戀的人都必須通過的歷程，唯有好好地完成它，我們才能再度擁有沒有對方，也能好好活下去的自信心，重新找回生存的力量。雖然相愛已成往事，但是那份愛卻成就了目前的自己，透過那段愛情，也讓人感受到自己的再度成長。

因此，站在精神分析醫師的立場來看，我認為在接受並克服失戀的過程當中，**表現出迷戀的樣子或丟臉的舉動，反而是健康的現象**。因為愛有多醉人，就有多傷人。問題是在分手時「裝酷」的人。他們無法很瀟灑地面對被提出分手時，自己所感受到的羞恥。因此在分手後的第二天，就假裝什麼事都沒發生似的，一如往常地過日子，或是故意裝得很開朗，或是理直氣壯地去發展另一段新戀情。

然而，那些未能好好地悼念逝去的愛情，就急急忙忙地掩飾分手的人，反而會被過去所束縛。悼念是把過去將彼此聯繫在一起的關係加以解除，同時承認不得不分手的事實，並且送走對方的一項工作，如果無法送走對方，只會一直沉湎於過去，結果將完全無法接受新戀情；或是即使有了新的對象，也會因為無法忘懷與舊情人的回憶，無法好好地對待新戀人。甚至還會經常將新舊情人加以比較，希望聽到別人說自己做了更好的選擇，藉此彌補曾經受傷的自尊心。如此一來，新戀人反而在不自覺的情況下，做了過去戀情的代罪羔羊。因此，如果我們努力假裝沒事，匆忙地掩飾分手，反而會變成搞砸下一段戀情的障礙。

所以，**面臨分手時，不要努力「裝酷」**。在單方面被提出分手之際，當然會感到悲傷及痛苦，但是倘若坐視不理，傷口將難以癒合，下一段戀情也無法好好展開。此外，分手只是與一個人的關係結束，並非意味著整個人生的結束。你仍然是一個值得被愛的人，對方離開了你，絕不會撼動你存在的價值。因為沒有人可以隨意評論你存在的價值。無論再怎麼可愛、漂亮、優秀的人，都可能會失戀；相反地，看起來略遜於別人的人，也可能不曾失戀，過著幸福的日子。

因此，面臨分手時，因應之道絕非極力壓抑分手的痛苦，裝作若無其事地過日子。**我們不需要害怕或逃避那種悲傷、痛苦或是偶爾生氣及變得幼稚的心情，必須好好地等待這一切復原。分手需要時間**。我們應該不要害怕去經歷這樣的時間，而且必須能夠好好承受，這麼做並不是為了那個離開的人，而是為了我們自己。這是為了珍惜自己，以及下一段來找尋自己的戀情。

無論是相愛還是分手，抑或談另一段戀情，我們都不能或忘的是，真正的主體其實是「我」。愛情基本上是我本身感到快樂與幸福。分手也是一樣。分手雖然痛苦，但是能夠克服這種痛苦的人，正是我自己，而且也是為了自己珍貴的人生。這也是我們面對逝去的愛情，必須具備的最起碼的禮節。

chapter 5

我和朋友之間所需的距離：46cm～1.2m

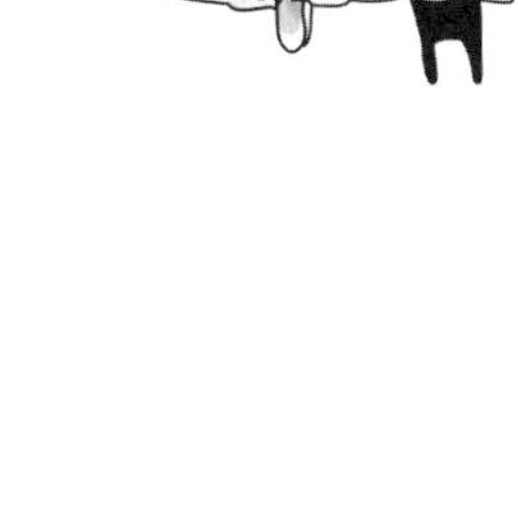

總是說很忙的人
最後感到後悔的事

當人們忙於生活時，就會率先推遲或放棄經營人際關係。因為大家都認為人際關係對人生而言非常重要，但是並非最急迫的事。

有一天，我的朋友傳給我一段對話，據說是出自於《小王子》的故事。

小王子問狐狸：

「你知道這世界上最困難的事情是什麼嗎？」

「嗯！我不知道。賺錢嗎？吃飯嗎？」

小王子對歪著頭露出不解神情的狐狸說：

「世界上最難的事情就是贏得人心。」

我曾經讀過《小王子》好幾次，但是不記得看過這段內容。所以又把書翻出來看，卻找不到相同的部分，後來才知道這不是《小王子》書中的內容，而是很多人深有同感，所以仿照《小王子》的對話情節，加以杜撰而成。難怪起初我讀了這段話後，也覺得頗有同感，有什麼比贏得人心更困難的事呢？

儘管如此，人們為了獲得某人的心，往往會先嘗試個一兩次，如果不能如願，就會立即放棄。然後說這樣反而更好，否則即便一時虜獲某人的心，但正所謂人心難測，誰知道什麼時候對方又會改變心意，何必白費功夫呢？

不知從何時起，我們也開始講究人際關係的效率。現代人一邊大喊著「快點、快點」一邊拚命追趕著變化無常的世界。人們雖然抱怨說忙得連吃晚飯的時間都沒有，但是馬上又為了參加自我進修課程而不遺餘力，好像在跟別人打賭，看看誰活得更認真似的。無論是為了賺更多錢，還是清償債務，或者活得更舒適，我們都沒日沒夜地忙於工作。那麼，在這種情況下，誰會對人際關係這種沒效率的事情感興趣呢？

所以我們經常一再推延的事，就是經營人際關係，因為這真的相當沒有效率。為了贏得人心，必須花費許多時間。從人與人初相識乃至敞開心扉為止，需要經歷相當漫長的時間。如果藉由時間的累積可以讓彼此的關係變得更加深厚，自然是很好，但是建立了良好的關係之後，有時候也可能一夕之間就化為烏有，變成毫無關係。儘管我們費盡心思地撥出時間與戀人見面、與朋友們聚會，也不保證一切都會順利進行，這是多麼沒有效率的事情啊！

因此，當人們忙於生活時，就會率先推遲或放棄經營人際關係。因為大家都認為人際關係對人生而言非常重要，但是並非最急迫的事。所以當許久不曾聯絡的朋友提出邀約時，我們也會以必須先處理好手邊的急事再碰面為由而加以婉拒，但是這一天永遠不會到來，因為必須執行的待辦事項只會越來越多。

然而，越是以這種方式來拖延人際關係的經營，日後越會徒留遺憾。因為建立一段關係需要相當時日，如果一再往後拖延，結果身邊將不會留下任何人。朋友並非住在一起且關係緊密的家人，而且也不是曾經同在一個生活空間共處，就都能夠成為朋友。如果想要跟身邊真正關心我們的人見面，繼續維持彼此關係的話，必須先找出可以共處的時間。

在《小王子》一書中，狐狸告訴小王子：

「你爲你的玫瑰所花費的時間，使你的玫瑰變得那麼重要。」

小王子幫玫瑰澆水，為她裝上擋風玻璃罩及捕捉毛毛蟲。當玫瑰抱怨時，即使她只是誇大其辭，他還是默不作聲地傾聽她所說的話。由於長期共處所累積的回憶，使得小王子和玫瑰可以成為彼此珍惜的對象。

在現今社會中，每個人都是時間的俘虜，**把時間保留給我們珍惜的人，正是向對方傳達自己心意的最佳方式**。唯有不受時間限制，能敞開心胸愉快地相處，關係才得以進一步發展。如果只是偶爾給這個人留個訊息，給那個人打通電話，以這種方式來經營人際關係的話，絕對無法建立穩固的關係。因此，虜獲人心或許是世界上最困難的事也不得而知。

但是當我們贏得人心之際，那種快樂將是筆墨無法形容。若是能跟自己珍惜的人共處，將能消除世界上所有的煩惱與焦慮，享受快樂的時光。「時間怎麼會過得這麼快？」當你擁有這種感覺的聚會次數越多，你就會越快樂。

在百忙之中抽出時間，原本就不是一件容易的事，而且每個人花費時間的方式也不盡相同。所以最好不要訂出一個偉大的計劃，讓人感到很疲累。重要的是能夠相聚在一起。此外，當有人打電話給你時，請不要馬上就說「我很忙」。有誰會願意對那些說自己很忙的人，訴說自己的內心話呢？

最好的建議就是好好傾聽

如果有人需要你，那麼他所期待的並不是什麼了不起的建議或忠告，而是需要一個能夠陪伴著他，真誠地傾聽他的故事的人。

如果你聽到別人講一些有的沒有的事情，往往就會變得沮喪和不舒服。其實把話說出來，並不會改變困頓的現況，壞事也不會就此消失。但是當你這麼說的時候，人們往往會假裝安慰你，結果卻離你遠去。所以大家後來才會都改成說「我很好」！人們有時候會有我想死、我真的很累、我連車錢都沒有的情形，然而明明如鯁在喉，卻還是硬生生地把話吞下去。

這是韓國小說家徐類美在《神奇的螞蟻地獄》一書中所描述的一段文字。人們明明很寂寞卻又假裝不孤單，明明覺得很累卻又表現得一派輕鬆。他們雖然對別人說「我很好」，但是另一方面又希望有人能夠了解自己其實很累，而且很寂寞。但是，不知從何時開始，當我們聽到對方說「我很好」之後，就不會再追問下去。這是因為就算說出自己的狀況，別人似乎也不想聽，而且自己的生活已經過得很疲累，實在沒有餘力再去聽別人談論他們的事情。此外，對於別人的困難，我們常常也使不上力，同時還會擔心如果說出自己的難處，只會平白讓對方覺得心裡不舒服。即便真的鼓起勇氣說出自己想說的話，如果對方無意間做出負面的反應，像是「這個世界就是這樣」等等，只會讓我們再度鎖上心門。因此，那些小心翼翼又口拙的人，往往認為跟別人見面很有壓力。所以我對他們說：

「每個人都想說些關於自己的事情。如果你認爲自己口才不好的話，只要好好傾聽對方的話就行。因爲善於傾聽的人，並不如我們想像中那麼多。所以，如果你能好好傾聽別人的心聲，對方其實就會很感激你。」

雖然他們以懷疑的眼光看著我，想說這算哪門子的解決方案，但是最後往往會發現，好好傾聽對方說話，並不是那麼容易的事。由於感到心情煩悶，我們會不知不覺地中斷對方的話，或是焦急地問說「所以你真正想談什麼？」顯出很不耐煩的樣子。當對方的話越說越多時，我們表面上會假裝回應說「是啊」，但是心思早已飛到九霄雲外，這實在是相當令人尷尬的局面。

為什麼精神分析十分重視傾聽

有一天，某位患者來找我看診，一坐下來就馬上問我是否能幫助他。他說過去五年來，他在別的地方接受治療，那些醫師們都能夠妥善地提供協助，所以想知道我是否也有能力辦得到。我回答說，如果想要得到立刻令人滿意的狀況會有困難，因為精神分析是在充分了解患者為什麼這麼想，為什麼無法擺脫這樣的想法，為什麼難過而生氣之後，試著解讀患者的心態，而不是直接協助患者，如果想要擺脫過去的創傷，還是要靠患者本身的力量才辦得到。不過，他還是一直質問我是否可以幫助他。我很懷疑他為什麼老是執著在這個問題上，後來我得到的結論是：「嗯！這個人正在測試我。」所以小心翼翼地問道：「或許你小時候曾經向周圍的人尋求協助，但是沒有人立刻伸出援手，對吧？所以你直到如今都一直不停地在尋找可以幫忙你的人。」

然後，他突然開始啜泣，並且說出當自己年幼時，身邊一個人也沒有，覺得非常孤單。此時他才發現了自己問題的根源所在，接著放聲大哭，而且哭了好一會兒。當他回想起那個小時候因為太難過，連哭也哭不出來的自己時，才真正面對了這個傷口。

患者通常希望身為醫師的我，可以立即幫他們解決所有問題，告訴他們可以馬上消除痛苦的方法。然而，身為一名精神科醫生，我唯一能做的就是陪伴患者一起找出自己為什麼如此痛苦，以及隱藏在背後的創傷為何而已。此時最需要的就是**傾聽**，當我傾聽患者的故事時，他們就能夠好好地理出頭緒，逐一找出過去困擾著自己的問題所在，然後面對那些因為害怕而隱藏在內心深處某個角落的傷口，並且試著去碰觸它，如此一來患者才能揮別充滿陰霾的過去。

如果我立即提供解決方案，患者是否就能更快速地擺脫創傷？我從來不作如是想。無論再怎麼優秀的人，基於本能都不喜歡陌生人在不了解自己的狀況下，就隨便提供建議。即使是一個自己熟識的人，如果對方沒有好好聽完自己所說的話，就貿然地提出忠告，我們往往也會原封不動地婉拒對方的意見。因為我們覺得對方認為「你沒有能力解決問題。所以，聽我說的就好」，而且想要任意地操控自己，因此會感到很不開心。所以在沒有充分了解對方的狀況下，就輕率地提出建議，絕對不會產生什麼好結果。面對患者的情況也是如此。身為醫師的我，如果馬上就提出解決方案，那麼患者可能無法意識到自己有足夠的能力去解決問題，而且會認為如果沒有別人的幫助，自己什麼也不是，因而自我貶抑。當然，這對治癒傷口完全沒有任何幫助。

對方最期盼的只是你的聆聽

因此，如果有人需要你，那麼他所期待的並不是什麼了不起的建議或忠告，而是需要一**個能夠陪伴著他，真誠地傾聽他的故事的人**。人們通常都很清楚自己下一步該做什麼。所以你能做的只是靜靜地待在他身邊，聽聽他想說的話而已。即使你覺得對方的認知有誤，你的看法才是對的，還是要先站在對方的立場，從頭到尾地聽他把話說完。無論如何，在對方說話的過程中，不要試圖批判他。你必須相信對方有能力自行克服難關，並且耐心等候。因此，或許最好的建議就是傾聽本身也說不定呢！

只要有個第一時間可以趕來的朋友就是成功的人生

朋友的數量多寡並不重要。真正重要的是，是否擁有一些願意在我疲憊的時候跑來找我，是否有一些朋友始終在我左右。

在法國電影《逆轉人生》（Les Intouchables）中，男主角菲利普（Philippe）雖然是個處於社會頂層的百萬富翁，但是由於全身癱瘓，從頸部以下都無法動彈，也沒有任何感覺，餘生只能在輪椅上度過。他成天都在尋找一個可以照顧自己的看護，然後有一位年輕的黑人德里斯（Driss）出現在他面前。剛從監獄獲釋、身無分文的德里斯，擁有的只是四肢健全的身體而已。處於社會底層的德里斯為了領政府的生活津貼，不得拒絕菲利普的雇用，所以他拜託菲利普協助在申請書上蓋章。然而，菲利普對德里斯感到很好奇，並且跟他打賭他是否可以好好照顧自己兩個星期。德里斯十分喜愛菲利普的豪宅中的浴室，決定接受賭注，於是這兩個男人就展開令人歎為觀止的同居生活。

這部電影節奏輕快地描繪雇主菲利普與他的看

護德里斯成為朋友的過程，特別的是他們之間沒有任何共通之處。人們羨慕菲利普的財富，同時也同情菲利普的殘疾；但是對於德里斯來說，菲利普只是一個與自己擁有類似欲望的人。所以菲利普認為：「有了德里斯，我忘記了自己是個殘障人士。」並且對於那些提醒自己要小心德里斯這個前科犯的親戚們說：「德里斯的出身和背景如何，對我而言一點也不重要。」德里斯也因為菲利普接受了自己的原貌，不把自己當成是個前科犯，而向菲利普敞開心扉。於是，他們兩個人開心地咯咯大笑，一起漫步在巴黎的夜街，有時抽著菸，有時互相傾訴心事，然後變成了好朋友。也就是說，他們跨越了殘疾、貧窮、品味、種族的隔閡，成為一對靈犀相通的朋友。菲利普後來對德里斯說：「能夠遇見你，我好幸福。」這真是最好不過的讚美了。還有什麼比某人因為我的存在而感到幸福，更令人高興的事呢？

「你有多少朋友？」

我們經常被問到這個問題。有多少人能夠毫不猶豫、自信地回答出來？我不禁想起有些雖然一度很要好，但是不知何時開始，就突然失去聯繫的朋友；有些曾經焦孟不離，但是由於誤會及爭吵而疏遠的朋友；有些我認為彼此很親密，但是不確定對方是否也這麼想的朋友。如果曾經相約要做一輩子朋友的人，現在連一個月打一通電話問候，都變得很困難的話，那麼不得不讓人懷疑：「我們真的是很要好的朋友嗎？」

然而，歷經所有這些過程才會建立的，正是友誼。從某種意義上來說，友誼並沒有任何義務，而是出於自願來為對方著想的心態。大多數的碰面都是為了某些目的，唯有朋友之間只是因為開心而聚會。我們真心希望朋友過得很好，並且透過朋友互為借鏡而共同成長。所以，所謂好朋友就是即便我現在毫不起眼，而且默默無聞，但是他卻能夠了解我的潛力，並且鼓勵我的人；他是陪在我身邊，引導我變得更好的人。一如電影《逆轉人生》的男主角菲利普所言，我也認為友誼是能夠讓人感到最快樂的事情。

然而，友誼並非恆久不變。通常，兒時的鄰居友人或學校同學，會隨著時間的流逝，自然而然地疏遠。或許是搬家，或許是從學校畢業，各自從事不同的工作，尤其是結婚生子之後，真的很難得碰個面。這是因為隨著工作的日益繁重，以及必須費心照料孩子們和父母親，所以很難能夠與朋友持續保持情感的聯繫。因此，只留下過去在人生的某一段過程中，曾經共度和互助的成長歲月而已，對於彼此現況的了解，遠比想像中少得多。即便如此，如果曾經是深刻地分享彼此人生一部分的朋友，那也是很幸運的。若是能夠擁有一起回憶往日時光的朋友，那更是相當值得祝福的事。

事實上，從開始踏入社會生活，乃至於我們的孩子長大之前，除了因為忙碌而導致朋友之間彼此疏遠外，更容易威脅到友誼的是嫉妒心。嫉妒心是指看到別人的表現比自己傑出，或是更成功時，覺得委屈或生氣的心態，也就是見不得別人好。隨著嫉妒心的增長，我們會開始討厭那個讓自己相形見絀的人，於是想盡辦法希望把對方拖下水。當朋友遇到高興的事情時，別說是給予祝福，甚至還想把他整得很慘，才覺得稱心如意，也是嫉妒心作祟所致。因此，在某一瞬間，曾經最親密的朋友，可能就成為最大的敵人。因為我們曾經向密友所吐露的內心話，可能都成為對方用來傷害我們的利器。

每個人都有嫉妒心，只是程度差異而已。有一天，某個患者對我說：「醫師，我聽說朋友生病住院的消息，卻覺得他活該。因為他一直都是一副很跩的樣子，所以我覺得這樣反而好。當然，在他面前，我還是假裝很擔心他。我真的很害怕這樣的自己。」所以電影《三個傻瓜》才會有一句對白說：「如果你的朋友考最後一名，你會流下眼淚；如果你的朋友考第一名，你則會流下血淚。」令人驚訝的是，表面上假裝情深義重，私底下卻希望朋友遭遇不幸的人為數不少。所以我們不必因為產生一些嫉妒心而過於自責。然而，那些深知朋友重要性的人，明白嫉妒心不僅傷人也傷己，所以他們會努力不讓嫉妒心氾濫。如此看來，當朋友遇到一些喜事時，真的不是任何人都可以真心地表達祝賀之意。

某一天，我因為痛到無法忍受，一整天都臥病在床。由於太過疼痛，讓我無法打起精神，當時有人默默地握住了我的手。我緊緊地抓住那隻手，並且祈禱著能夠停止疼痛。後來，當我重振精神抬頭一看，原來她是我的高中好友。在痛不欲生的日子裡，我特別想念我的朋友。而且朋友們好像與我心靈相通似的，在百忙之中特別跑來找我。她們告訴我說：「惠男呀！無論妳變得如何，只要像這樣持續待在我們身邊就好。」因為有她們的陪伴，才讓我得以承受多年來的苦難。對那些朋友感到抱歉的是，我直到生病之後，才真正懂得對她們表達感激之情。

由此看來，朋友的數量多寡並不重要。真正重要的是，是否擁有一些願意在我疲憊的時候跑來找我，是否有一些朋友始終長伴左右。我在世界上做得最好的一件事就是生兒育女，並且把他們撫養長大；其次就是可以自豪地說我的朋友們是「我朋友」。人生的成功算得了什麼？我能夠做好這兩件事，就已經算是成功了。隨著歲月的流逝，我和我的朋友們讚歎著彼此的容貌，也互相尊重，一起學習如何樂活到老的方法，這真是令人感謝的事。

若是想要結識好朋友，首先要成為好的朋友

在考量某人是否值得結交之前，應該先自忖是否稱得上是個好的朋友。

將走的前幾天，他叫我到他家裡去，交給我一張照相，後面寫著兩個字道：「惜別」，還說希望將我的也送他。但我這時適值沒有照相了；他便叮囑我將來照了寄給他，並且時時通信告訴他此後的狀況。

我離開仙台之後，就多年沒有照過相，又因為狀況也無聊，說起來無非使他失望，便連信也怕敢寫了。經過的年月一多，話更無從說起，所以雖然有時想寫信，卻又難以下筆，這樣的一直到現在，竟沒有寄過一封信和一張照片。從他那一面看起來，是一去之後，杳無消息了。

這是中國思想家魯迅在《朝花夕拾》這本短篇回憶錄中所寫的一段話。魯迅去日本念醫學院之前，遇見他的恩師藤野嚴九郎，但是後來卻與藤野先生斷了音訊。我讀了這篇文章之後，腦海中浮現

了許多因為各式各樣的理由未能持續聯繫，而斷了音訊的朋友們。由此看來，年少時代曾經以為晨昏與共的同窗好友們，將會是一輩子的朋友，但是年過六十之後，才意識到任何事情都無法永恆不變，友誼也是一樣。

保持友誼需要付出很多努力。這項努力相當值得的原因，在於友誼是最能讓人感到快樂的情感。一項針對瑞典中年男性的研究發現，影響心臟病發作的唯二因素，就是吸菸和友誼，至於結婚與否則影響不大。有時候，在人生過程中，友誼比家庭還更重要。為了增進與朋友之間的深厚情誼，下列幾點是我們應該遵守的事項。

1. 不要試圖改變朋友

無論再有趣的事情，重複聽幾遍，都會讓人覺得厭煩。雖然我們是出自於為了朋友好的心意，但是如果再三地指出對方的缺點，並且強迫他要改進，那麼彼此的關係只會更加惡化而已。假設你有一個朋友喜歡上某個品性很差的男人，無論你再怎麼勸阻，你的朋友始終都要跟那個壞男人在一起。那麼，身為朋友應該扮演一個更重要的角色，就是當她被這個壞男人傷害而回過頭來找你時，能夠真心地安慰她。此外，**不要為了測試你們的友情，而去詢問朋友會不會為你付出生命這種愚蠢的問題**。如果你真心為朋友著想，應該能夠忽略他的一些缺點和錯誤，就像朋友接受你的不足之處一樣。

2. 不要期待交遊廣闊

某天，有一位和我私交甚篤的教授對我說，他自己原本就是個慢熟的人，沒想到我更甚於他。或許是因此之故吧，所以我的朋友並不多。相反地，我先生的個性比較外向，很喜歡與人交往，所以朋友真的很多。但是，如果你要我像我先生一樣，跟很多人碰面，行程表中排滿了各式各樣的約會，我一定會壓力超大，絕對無法調適。因為個性內向的我，屬於那種只跟少數人密切交往的類型。我喜歡跟自己所珍惜的人見面，享受舒適怡情的時光。不過，我並不認為有需要調整自己內向的性格。

很多人都羨慕那些交遊廣闊的人，所以希望把性格由內向改成外向。然而，以不符合個性的方式去結交朋友和維持人際關係，將會十分疲累。如果只是羨慕朋友多的人，而硬逼著自己去認識更多的人，結果只會倍感壓力而已。所以不要執著於朋友數目的多寡。假設有一個人誇口說自己有超過五十個摯友，聽到這句話的對方會怎麼想呢？任何人都想成為別人心目中與眾不同的人，因此，當他覺得自己只是五十個人的其中之一，不免會感到失望。此外，**倘若五十個朋友都同樣重要，那等於沒有所謂「最好的朋友」**。這意味著當你真正遭遇困難和疲憊之際，也沒有朋友可以在第一時間趕過來幫你。

3. 朋友的祕密絕對不要告訴任何人

任何人都有一些痛苦不堪、羞見於人而想要隱藏起來的祕密。我們通常只會對非常親密的朋友吐露這些祕密。因為我們相信這些摯友即便知道了自己的祕密，也不會疏遠我，或是討厭我。而且當我說出這些祕密時，朋友還會安慰我，讓我感到溫暖。但是，如果這些朋友在未經我許可的情況下，向其他人透露我的祕密呢？人們或許會問，有誰會隨便地做出這種事呢？但是令人意外的是，鮮少有人能夠始終守口如瓶，謹守朋友的祕密。不過，人們通常並不是出於惡意而這麼做。假設A、B和C是朋友，但是A只對B說了某個祕密。而B認為三個人是好朋友，所以告訴C也無妨，因此無意間就把A的祕密告訴了C。有些人也會在不假思索的狀況下，將朋友的祕密告訴自己的男友或家人。

任何關係皆無例外，朋友關係也是難以維持，而且友誼瞬間說翻就翻。所以**請好好守住朋友的祕密，絕對不要透露給其他人**。雖然天底下沒有所謂的祕密，但是口風欠緊的人特別不容易交到朋友。

4. 紅白帖務必備妥

小時候，當我跟著大人們去殯儀館時，總是無法理解穿著喪服的人明明痛不欲生，但是前往致意的人卻在一旁高談闊論、喝酒聊天而喧囂不已。如果某人過世，在緬懷亡者的場合，不是應該沉靜和莊嚴嗎？為什麼人們卻在那個場合大聲喧譁呢？然而，當我長大成人，並在為父親治喪時才明白，葬禮既是告別亡者的儀式，同時也是讓留在人世的生者宣洩情緒，以便未來還有能力好好活下去。弔唁者藉由分享自己跟亡者和生者之間的共同話題，在鬧哄哄的情境下分擔喪家的悲痛。而且只要有越多的人記得亡者的生平，這場喪禮反而會成為充滿祝福的場合，此時我才真正了解到為何喪禮的場合總是這麼吵雜不堪。當我遭逢父喪時，朋友們一聽到這個消息，就立刻趕到殯儀館來。我在他們面前痛哭流涕，並且回憶起我的父親，他們靜靜地一句話也沒說，只是緊緊地抱著哀痛逾恆的我。由於朋友們分擔了我的悲傷，讓我當時並不感到孤單。所以我總是告訴周圍的人，結婚典禮、小孩週歲宴固然應該要舉辦，但是喪禮也絕對省不得。因為我在這個場合才發現，**當自己太過悲傷和疲憊時，如果有朋友在身邊，將會發揮多麼大的力量**。假使基於不可抗力的情況，導致你不能去殯儀館弔唁，那麼務必要打通電話或是寫信告訴朋友，讓他們知道你一直長伴左右。

5.如果你想結識好朋友，先成為好的朋友

以前在大學任教時，學生們經常會問我：「如果我想要交到好朋友的話，該怎麼辦？」我給他們的回答一如亞里士多德的名言：「只有相互都抱持善意才是友愛，而且還得彼此都知道。」也就是說，在考量某人是否值得結交之前，應該先自忖是否稱得上是個好的朋友。如果只是試圖滿足填補自我缺點的願望，那麼將永遠無法結交到真正的朋友。所謂物以類聚，不是有句話說：觀其友而知其人嗎？因此，依據「為了活出幸福的人生，我有多麼努力？」「為了成為更好的人，我付出了多少心力？」「平常我對別人的關心及惦念程度如何？」聚集在我們身邊的朋友多寡，也會有所差異。想要結交好朋友嗎？那麼請先讓自己成為好的朋友。

想對片刻不離 SNS 的你說的話

SNS 的特性是可以在一瞬間就刪除所有紀錄。因此，在 SNS 很難建立一種彼此珍惜和關心的深層次人際關係。

如今，人們從一起床就忙著找手機。只要打開手機在社群網站（SNS）上傳訊息，馬上就可以和在遙遠的國度、素昧平生的人聯繫。除了可以互相問候之外，我們有什麼疑難雜症，也可以利用網路來搜尋答案，去哪裡吃什麼好？穿什麼好？以及怎麼做才好？都可以透過網路來解決，因而漸漸失去了非要與某人見面的理由。

有一次，我參加了一個學術會議，坐在圓桌的八個人中，有五個人都忙著用手機處理事情。其餘三個人雖然互相聊著天，但是在談話過程中，也一直有電話打進來。雖然這是一個為了工作而聚會的場所，大家也都很開心難得能夠碰面，但是如果是這種情況，真讓人覺得不知為何要聚會。更讓人訝異的是，面對這種幾乎沒什麼彼此問候或是人際互動的狀況，大家居然都不以為意。也就是說，這八個人似乎都活在自己的孤島上。這也難怪，在這個連情侶之間吃飯的時候也鮮少對話，都各自在玩自己的SNS的時代，對於這種正式場合的碰面，還有什麼好期待的呢？

為什麼越是沉浸在SNS，你的自尊心就越低？

我因為罹患帕金森氏症導致身體不適，即便想要與人碰面，也是心有餘而力不足。雖然偶爾會有朋友來家裡找我，但是因為彼此都忙，有時連見上一面也不容易，所以我也經常使用SNS。藉此能夠即時向朋友們問好，分享世界各地的訊息，以及各種資訊，真的很不錯。最棒的是，透過SNS，我覺得自己跟外界仍然有所聯繫，而感到很安慰。但是，我不會與陌生人建立社交網絡，因為沒有非要這麼做的理由。然而，我和女兒聊過之後，驚訝地發現，有很多人相當依賴SNS的粉絲人數或是按「讚」次數。甚至有些公司是透過付費來增加粉絲數量，這不是相當令人吃驚的事嗎？

若是希望「我」的存在具有意義，絕對需要有「你」的存在。如同韓國詩人金春洙在〈花〉這首詩中所說：「在我呼喊他的名字之前，他只是一個軀殼。當我呼喊他的名字時，他迎向我，成為一朵花。」只有當某人呼喊著我們時，我們才有了存在的意義。因此，即使是在網際網路的空間中，我們也總是積極地在尋找能夠了解我的存在的「你」。

此時，人們會將自己所寫的內容，視為自己本身。如果我們所寫的內容，沒有人回應時，就會覺得自己被拋棄了。因此，當人們在SNS上發佈圖片或文章時，就會迫切期待按「讚」的數量一直增加，希望關注人數持續提升。因為這意味著有人正在傾聽並回應自己所發出的訊號，顯示自己並不孤單。人們還會透過分享別人上傳的文字，或是按「讚」來展現自己的存在感。運用這種方式來向對方表達「我正在觀察和評估一切」的掌控感，並顯示自己依然存在。

然而，SNS是一個難以讓「我」和「你」之間真正碰面的地方。在SNS裡面，我們可以隱藏自己的真實身分，對方亦如此。即便是觀察那些上傳的「自拍」照片，也不難發現此一情況。難道我們不是從許多照片中，挑選出拍得特別好的那幾張，再把它們上傳到SNS嗎？我們盡可能地包裝出自己想要展現給別人看的樣貌，然後上傳到SNS，等待別人的關注。在SNS的世界中，絕對不會出現人們不堪的一面，因為人們總是努力展現出自己是多麼幸福，並且希望獲得認可。

然而，即使我們把自己包裝得很好，總是會有些令人不愉快和不舒服的事情。世界上總是有些人表現得比我更好、更帥氣、更成功。當我們看著這些人時，雖然會覺得「如果羨慕就輸了」，試著自我安慰，但是卻又不得不自慚形穢。根據Alba天國網站以二十世代為對象所做的問卷調查，針對「你覺得自尊心最低的瞬間是什麼時候？」這個問題，以回答「看到好朋友在SNS看來幸福的模樣時」居冠，占了百分之二十七點六；其次是「找不到工作時」，占了百分之二十二點七。即便從這份問卷中來看，我們也可以輕易看出二十世代的人，有多麼重視SNS。而且，透過SNS與別人進行即時交流所得到的安全感，往往也只是暫時的，有時反而會發生讓自尊心變低的反效果。

另外，SNS的屬性上，本身就難以存在真誠或長篇內容的對談。所以，輕鬆的幽默才會大受好評，人們只會交換一些有趣和令人興奮的消息，很難進行真摯和深度的溝通。儘管如此，為什麼人們會留戀於這個隱藏了自己內心，只給別人看到表象的SNS呢？

在SNS結識的人們，不會第一時間趕來幫我

因此，SNS只是佐證了人類是多麼社會性的動物而已。人際關係是需要互動的，任何人都有著這樣的童年回憶，就是在小時候獨自玩了一會兒之後，抬頭看著媽媽時，若媽媽給了自己一個溫暖的微笑，就會感到安心。同樣地，當有人知道我們在這裡，並且給予回應時，就會產生交互作用。但是，若我們在SNS中上傳了照片或文字的話，就會立即產生回應，這也是發生互動。以往，人們如果分隔兩地，即便想立即與某人聯繫，也是

無計可施。因此，SNS始終會成為一個吸引人的溝通管道，因為我們不必非要與某人見面，也能夠與對方保持聯繫並且進行互動。

然而，當我們離開SNS時，等待我們的只是一個殘酷的現實。我們必須回到那個不知何時會出錯，應該如何解決，讓人窒息不已的日常生活中。於是，覺得心情煩悶的人，為了想要忘掉現實生活的不快，再次回到SNS，埋首於與人們分享輕鬆的話題。

但是，SNS也有其局限性。當我們與某人交談時，語言只占了百分之二十。剩下的百分之八十是肢體語言。我們看著對方的眼睛、聲音，語氣、手勢和肢體動作，可以掌握對方真正想說的是什麼。但是，在SNS裡，只剩下百分之二十的語言，所以我們沒有辦法知道對方的真心。無關乎對方的真正想法如何，**我們都會以自己所想要讀到的方式來閱讀對方所寫的內容**。相反地，我們自己的心意，也可能被誤解了。因此，如果人們只靠SNS，而沒有經常碰面的話，彼此了解和達成共識的能力將會減弱，透過聊天所產生的複雜而微妙的情感處理能力，也會下降。

此外，透過SNS，我們還能夠與素未謀面的人進行互動。人們對於陌生人有著模糊的恐懼，而恐懼會產生一種防禦心理或引發粗暴的行為。再加上人們對線上空間有一種模糊的幻想，認為在網路上可以做任何事情，而且一切都將被接受。這種幻想使人們可以實現強烈的情感交流，例如，如果他們在網路空間中找到一些共同點，就會突然變得很親近；但是，當這種期望受挫時，就會產生相當激烈的憤怒。所以有些人對於那些對自己有負面反應的對象，會感到受辱而過度反應。此時所產生的侵略性，很可能就像脫韁的野馬一般。因為我們並沒有看到對方的臉，所以無法得知對方的直接反應如何。因此，SNS瞬間就成為一個想要排遣孤獨的人們之間相互誹謗，並且深受傷害的空間。

我們不會試圖隱藏這種SNS中的侵略性，並且任意而為的理由，在於我們隨時都可以重置（reset）。如果我們不喜歡在SNS的人際關係，可以隨時退出就好。我們可以建立另一個帳號，並且與我們想要連結的人建立聯繫。在這個憑藉己力往往一無所成的世界，這種可以隨心所欲地進行完美的操控的事實，對人們具有相當大的吸引力。就像當電腦不聽使喚時，我們按下重新開機按鈕，再次啟動系統似的。然而，任何時候都可能重置的事實，另一方面也意味著我們在SNS所建立的關係，都沒有特別的意義，只是徒留一場空而已。一旦完全刪除了過去的紀錄，我們至今累積的所有記憶和時間，也將灰飛煙滅。

如果你和某人建立了人際關係，就會開始累積彼此之間的記憶，一起哭泣和歡笑的回憶，將會讓彼此的連結更為緊密，但是SNS的特性是可以在一瞬間就刪除所有紀錄。因此，在SNS很難建立一種彼此珍惜和關心的深層次人際關係。換句話說，當你受傷或陷入困境時，在SNS結識的人們，並不會在第一時間趕過來助你一臂之力。

因此，我們可以經營SNS，但是不要因此而錯失了與自己重視的人們共度的時光。

即便菜都涼了，也要求對方要等候你拍照上傳後再開動，對於正與你碰面的人而言，其實是不禮貌的行為。對於正在看著美麗的晚霞，盡情享受眼前景致的人，逼迫人家快點離開，因為你要拍照等等，也是很沒風度的舉動。**你現在需要關注的對象，應該是你眼前的這個人才對。**

chapter 6

我和公司同事之間所需的距離：1.2m～3.6m

為什麼我們用「職場同事」一詞，而非「職場朋友」？

如果你認為你想繼續與這個人合作，也不要太擔心「為什麼我們之間的關係沒有什麼改變？」若是你們能夠彼此關懷和尊重，那麼以職場同事的關係而言，便已足夠。

人的生命中，大約有三分之一都在工作。特別是上班族的情況，一天中有長達三分之一的時間，是在特定的場所與特定的人群一起工作。所謂的職場，是我們可能會遇到喜歡的人，也可能遇到不喜歡或不投緣的人。然而，無論我們多麼喜歡和親近的工作夥伴，我們都不會稱之為「職場朋友」。相反地，我們會使用「同事」一詞。這是為什麼呢？我們與同事分享自己的心情，一起挨上司罵、一起喝酒、一起工作，為什麼不能毫不猶豫地說對方是「朋友」？難道我們在職場上不能交到朋友嗎？

洙賢和俊敘在大學畢業後，同時進入了一家很難應徵得上的公司。在十個新進員工中，只有他們兩個人被安排在同一個部門，所以他們一起做了許多工作，每逢犯了錯而被主管罵的時候，他們就彼此勉勵，自然而然地就變得很親近。再加上他們兩個年齡相仿，都是從鄉下地方到大城市裡自行謀生，所以有許多共同話題。因此，不知不覺間，他們就分享了許多有關自己的家庭、女朋友的話題，甚至一起說公司其他同事的閒話，成為對彼此的一切無所不知的密友。

然而，三年後，洙賢晉升為副理，但是俊敘卻未能獲得拔擢。從那個時候起，他們兩人之間的關係就變得尷尬起來。俊敘覺得很委屈，他認為就能力而言，自己比較優秀，洙賢只是運氣好，遇到一個好的主管，所以才能獲得晉升。當然，洙賢則全然不這麼想，但是在俊敘面前，他必須不露痕跡才行。然而，隱約感受到自己被輕視的俊敘，對洙賢感到的沮喪和怨恨也日益擴大。接著，由於洙賢和俊敘分別隸屬的團隊之間成為互相競爭的單位，也使得兩人的關係更加疏遠。然後，有一天，俊敘從其他部門的人那裡，聽到洙賢正在談論自己的八卦。那是因為他把洙賢當成真正的朋友，所以才會告訴他自己家裡的一些私事。結果，他們兩人在喝酒的場合大打出手，最後，彼此的關係變得比互不相識的陌生人還要不如。

朋友之間的關係，也會隨著時間的遞移而浮浮沉沉。曾經很親密的朋友，也有可能日益疏遠。洙賢和俊敘可能就是如此。但是一開始，兩人之間的關係分明應該要劃出界線才對，這就是工作同事的界線。**職場並不是交朋友的地方，而是工作的場合**。亦即，職場是懂得負責任的成年人們，以工作為媒介而聚在一起，共同處理好某些事情的公共空間，上班族各自扮演好自己擔任的角色，然後獲得工作酬勞，並且透過工作來自我實現。如果我們想成為一個工作表現傑出的人，就必須透過競爭證明自己優於其他人。如果我們想要獲得提拔並且領到更多薪水，就不可避免地必須參與競爭。所以，或許起跑點可能相同，但是隨著時間的流逝，由於工作表現的差異，可能就會出現距離。而且隨著擔任一般雇員、副理、科長、次長的職級不同，被賦予的權力和責任也有所不同。

因此，在職場中包含著太多的負面心理因素，例如嫉妒、優越感、自卑感和警戒心。在一起工作的過程中，就算會產生親密感、團隊意識和合作精神，但是受限於競爭制度的這個現實也不會改變。我們在工作中建立的每一種關係，都是透過工作產生的契約關係。就算和同事或前後輩的關係再好，最終還是只會變成互相比較和被比較，又或是考核對方和被考核的這種關係。當然，我們也可能和某人非常親近，但這是由個人創造出的一種附屬品，而不是職場人際關係的本質。因此在職場中，我們不應該期待有著類似家人或朋友的這種人際關係。

洙賢和俊敘因為個性很合得來，彼此變得日益親密。在職場中能遇見這種人是非常幸運的事，不過他們忽視了職場人際關係的界線，因此甚至連對換帖兄弟都羞於啟齒和令人尷尬的祕密都告訴了對方。可是，隨著升遷的競爭越來越激烈，他們的關係也產生了變化，當初的私密淪落成八卦被惡意利用。最主要的錯誤是洙賢向他人洩漏了俊敘的祕密。但如果我是俊敘的話，無論我和洙賢有多親近，都不會告訴他非常個人的隱私，因為我們絕對沒有理由要向在職場中遇到的人，洩漏私人的祕密。

當我們開始和某人逐漸親近時，就會開始想跟對方提及個人隱私。在互相了解的過程中分享彼此的祕密，代表著變得更加親近。所以，**根據你對對方祕密的了解程度，可以衡量你們之間的親密程度**。但是，我們在職場中沒有理由洩漏自己的私生活，在職場中只要工作就已足夠。而且如果在競爭激烈的職場中，與我親近的同事或前後輩惡意利用我的個人隱私，該如何是好呢？

然而，在我們國家，由於有著「難道我們是外人嗎？」的集體意識，形成了根深柢固的文化。所以我們可以若無其事地向素未謀面的人詢問：「你結婚了嗎？」「有男朋友嗎？」「有小孩嗎？」等等問題。然而在國外，在工作場合碰面的商務關係中，提出與工作無關的問題，本身就是一種失禮的行為，因為他們認為個人的隱私應該受到基本的保護和一定的尊重，我認為在職場上也理應如此。

若是這麼說，有人可能會反問是否太不人道？但是，我並不認為以「職場同事」一詞取代「職場朋友」有何不妥之處。這反而會讓我們體認且接受工作場所中人際關係的局限性，**可以減少對人的情緒，而專注於工作之上**。當我們與同事頻繁接觸，一起熬夜加班完成工作時，不知不覺間，將會感受到同事情誼。此時，所謂的同事情誼，是指由於朝著同一目標邁進，而對彼此產生充分值得信賴的情感。因此，即使有難以處理的事情，如果你認為你想繼續與這個人合作，也不要太擔心「為什麼我們之間的關係沒有什麼改變？」若是你們能夠彼此關懷和尊重，那麼以職場同事的關係而言，便已足夠。就像無論你介紹再怎麼好的男人和女人見面，如果他們彼此之間不來電，就很難發展成情人關係一樣。即使是再怎麼不錯的人，他們兩人之間無法立刻變得親近的情形，也所在多有。

我認為在職場中可以建立的最佳關係，就是當調換部門或轉換跑道後，成為仍然想要一起工作的同事或是前後輩的關係。此時，我們知道了對方的多少隱私，都會變得毫不重要。醫師之間最好的評價，就是成為「可以介紹我的家人去給對方治療的醫師」。當同事將自己的家人介紹給我看診時，還有什麼比這個更能證明自己的實力獲得肯定呢？

在職場中，雖然並不需要將所有個人隱私都祕而不宣，連對一點點瑣碎的個人問題都做出太過敏感的回應，但是也沒有必要向同事透露我們的確想要隱藏的祕密。即便對方認為我們的關係怎麼會這麼生分而感到遺憾，為了將來能夠維持健康的關係，最好只透露那些即使有朝一日被對方扯後腿也承受得起的事情就好。

最後，**在工作場合最好能多聽少說**。特別是在當事人缺席的情況下，去議論其是非，更必須格外謹慎。因為這類言論只會種下誤解和不信任的種子，雖然我們可能認為應該事不至此，但是這類八卦言論，總是會以某種方式傳播出去，然後落入當事人耳中。如果你認為自己不是被談論的對象而沾沾自喜，那就大錯特錯了。那些與你談過某人是非的人，也會在另一個場合，與別人論及你的八卦。所以，我們乾脆就不要扯進別人的是非之中，也不要成為散播八卦或謠言的人。至今，我們都鮮少看到那些口風不緊，又喜歡嚼舌根的人，最後能夠成功的案例。所以，倒不如把那些時間拿去做些更有趣和快樂的事情吧！

為什麼我們公司有這麼多奇怪的人？

面對不懂得謙虛、頑固和愚蠢的人，無論何時都要以禮相待。這是避免與他們發生衝突的明智之舉。

霸占別人的業績卻又厚顏無恥的金部長、開口閉口只會忙著自我炫耀的朴科長、對世界上所有事情都不滿的崔副理，整天不做事只會說別人閒話的黃副理……到底為什麼我們公司會有這麼多奇怪的人呢？

讓上班族對職場生活最感到痛苦的因素不是工作，而是人際關係。當然，我們以前也會遇到不喜歡的人、話不投機的人、毫無理由就是討厭的人。但是那個時候，只要避免跟這些人相處就可以了。

然而，在工作場合卻不同。無論喜歡與否，我們都必須和同事們一起工作、吃飯、喝酒。也就是說，就算相看兩相厭，也無法不去面對這樣的人。更大的問題在於任何組織中，都有一定程度的這種怪胎存在。也就是說，無論我們走到哪裡，都要面對這些奇怪的人。因此，不論情願與否，我們都應該學習如何與這些人一起工作和生活的方法。**如果我們遇到奇怪的人，而且不想受傷，就必須學會如何保護自己**。這就是為什麼我讀到韓國作家金愛爛的短篇小說《風景之用》中「成年人有什麼了不起呢？不過就是面對自己不喜歡的人，也可以好好相處罷了」這段話時，頻頻點頭而深表贊同的緣故。

不過，這裡所謂的「好好相處」，並不意味著我們應該在這種關係中竭盡全力。人生在世，沒有必要浪費有限的寶貴精力在那些不重要的人身上，因為我們光是把精力花在自己喜歡的人身上，都已經遠遠不夠了。面對那些奇怪的人，最好的方法是不要被他們的任何挑釁所操控。當然，很難不受那些打定主意攻擊我們的人所影響，光是每天要面對他們，都會讓人壓力超大。但是一旦我們的情緒受到這種人擺佈，他們就會把我們當成獵物而緊咬不放。

茲將奇怪的人依類型進行分類，並將相對的因應之道整理如下：

1. 嫉妒心和猜忌心強的人

有些人死也見不得別人成功。嫉妒心和猜忌心強的人，活著的目的就是贏過別人，所以一旦輸了就活不下去。因此，他們總是會營造出一種對決的氣氛，並且透過製造緊張感，讓人感到十分疲憊。他們心裡總是認為，「為什麼我這麼不走運？為什麼只有我活得這麼累？」所以面對這種人時，最好避免自我吹噓，並且採取謙卑的態度，因為沒有必要激發他們的嫉妒。而且，若是能夠稱讚他們的優點，也會降低他們的攻擊性。

如果你厭倦於這種必須投其所好的做法，那麼就想辦法晉升到他們無法置喙的位置，或是取得卓越的成就。韓國有句俗話說：「如果堂兄弟買地，就會讓人肚子疼。」用來比喻見不得別人好。值得注意的是，如果是祖父或叔叔買地時，肚子疼並不會疼，只有堂兄弟買地時才會讓人肚子不舒服。因為人們通常會對那些背景或能力與自己類似的人感到嫉妒，但是不會將自己與那些條件更好的人相提並論。因此，若是想要避開這種嫉妒心強的人，爬到比他們更高的位置，可能是避免受他們操控的最好方法。

當然，如果遭遇到荒誕的猜忌和嫉妒，的確會讓人生氣。而且，如果我們心意不夠堅定，很有可能會因為這種充滿嫉妒的言語而受傷。但是，我希望你永遠記住，無論對方多麼打定主意地想要傷害你，**只要你不任其擺佈，事情就會到此為止**。

2. 滿腹牢騷的人

無論再怎麼好聽的聲音，反覆地聽，也會讓人感到厭煩。但是，當坐在隔壁的同事每次總是採取消極的態度，不停地嘀嘀咕咕的時候，我們多半就會漸漸不喜歡跟他交談。這種愛抱怨的人之所以會造成問題，就在於他們的負面思想和情緒很快地就會擴散開來，因而對整個團隊士氣產生不利影響。若要平息他們的滿腹牢騷，解決之道就是盡可能充分地傾聽他們的想法。如果你試圖想要對這種牢騷鬼提供建議或鼓勵，最好死了這條心，因為他們只希望別人好好傾聽自己講的故事而已。所以，你可以對他們說：「這樣也不見得一無是處啊！」然後再提出不同的觀點。

3. 十分自戀的人

有些人總是誤以為自己的能力舉世無雙，應該受到別人的讚揚與欽佩。他們十分以自我為中心，而且相當自豪，對別人漠不關心。此外，面對別人的批評時，他們會變得無法忍受，而且火氣十足。因此，當我們跟這種自戀的人打交道時，應該強調他的優點，針對需要指責的部分，最好避免採用直截了當的口吻來點出他們的錯誤，或是要求他們改善，而是應該用勸導的方式來表達意見。例如，「這聽起來是個很不錯的主意。不過，如果換個方式做，似乎會更好，你覺得怎麼樣？」盡可能營造出好像是由他們作主的氛圍，因為**自戀者非常討厭聽別人的指揮**。

4.馬屁精

有些人擅長逢迎拍馬。直到昨晚為止，都忙著誹謗組長的人，今天在組長面前卻百般奉承的那副臉嘴，讓人看了真是瞠目結舌。即便如此，只要認為「那也是一種了不起的能力」就已足夠。我們不過是看不慣這種馬屁精的行徑罷了，若是他們的行為不會直接傷害到我們，並不需要太過費神。如果覺得他們的行為太讓你起反感而忍無可忍，或許該仔細想想自己是否有問題。因為，在公司裡，弱者必須有一定程度的處世之道，若是過度厭惡這種人，也可能導致人際關係中的其他問題。

5.只會談論自己的人

世界上有些人就是有理說不清，他們根本聽不進別人的話，只會一股腦兒地單方面訴說自己的想法。無論我們如何試圖溝通，他們全都當成耳邊風，最後往往發現一切都是徒勞無功。跟這種沒有「輸入」（input），只有「輸出」（output）的人交談，真的是會精疲力竭，感覺就像對著牆壁說話似的。而且，他們沒有同理心，總是會用命令式的口吻說話，所以**最好盡量避免跟他們對話，因為持續溝通下去，只是耗損自己的能量而已。**

6. 習慣性的懷疑論者

有些人在事情還未開始進行之前，就會潑冷水地說：「這有可行性嗎？」如果沒有十足的把握，他們就不想行動，因為他們無法忍受一點點的失敗或是失誤，所以優柔寡斷而無法下決定。當我們把這些人拉出來，無謂地對他們抱持希望，結果往往是毫無效果。最好的方法反而是降低他們對失敗的恐懼，如果你的同事是習慣性的懷疑論者，最好對他們說：「讓我們一起做吧！」

也就是說，面對不懂得謙虛、頑固和愚蠢的人，無論何時都要以禮相待。這是避免與他們發生衝突的明智之舉，因為無論你如何努力地想要改變他們，他們都不為所動。所以不要基於為他們好的心態，提供他們任何建議或意見。而且他們之所以會產生嫉妒與猜忌心，主要也是想要被人重視和得到認可，這其實是人皆有之的心態。因此，不要執意去揭露他們的缺點，即使看起來很奇怪，也不要隨意忽視或批判他們。

給那些因為人為因素而想離開公司的人

如果不是因為主管的因素，你並不想中斷現在的工作的話，你就不應該像是想要逃走似的，離開現在的公司。

二〇〇〇年，當我四十二歲的時候，離開了工作很久的韓國國立精神病院，自己開了一家私人診所。那時，我是個口碑不錯的醫生，來找我看診的患者絡繹不絕，在研究學會也相當獲得肯定。所以我認為如果自己開業的話，患者們一定會無止境地蜂擁而至。但是不知為何，看診人數日復一日都未見起色，始終都是零位、零位、零位，這種日子大概持續了三個月之久。此時，我才充分體會到，許多患者來找我看診，其實是衝著國立精神病院這個大型組織的招牌。六個月後，透過人們口耳相傳，一位、兩位的陸續介紹之下，我的診所才開始正常運作。

每當我遇到那些抱怨因為人的因素而壓力大到無法繼續在目前的職場工作下去的患者，就會想起自己當年的情景。那個當我內心焦慮不堪，想說

「今天該不會又沒半個人來看診吧？」的時候；當我對於創業者說「還是每個月按時領薪水比較好」的話，心有戚戚焉的時候；當我領悟到身為醫師，不是單憑醫術高明，就足以好好經營醫院，還需要具備包括醫院設立地點的選擇和宣傳等相關的管理知識的時候……

老實說，當初開業時，我認為如此一來只要做好看診的工作就行，不會再發生人為因素所造成的壓力。然而，當時我必須處理複雜的文件申請或稅款繳納等，從未接觸過的法律問題，而且連稅務問題都要獨自解決，連出納管理也必須自行處理，實在沒辦法時，連清掃的工作也必須自己看著辦。這與我在醫院領薪水度日，只要做好分內工作的情況，可說有如天壤之別。而且，在國立精神病院工作時，除了看診之外，我只需要面對醫師同事或其他醫院內部相關人員，自行開業之後，率先面對的，反而是一些原本相當陌生領域的人。有別於在醫院上班時，每天頂多只有一、兩件煩心的事；開業之後，不論我喜歡與否，每天必須獨自面對的事情，可說是不計其數。

此外，離開了國立精神病院之後，我便成了「什麼也不是」的人。當我離開大型醫院成為自營業者時，總是到處被瞧不起。曾經不斷找我的各個機構，都停止與我聯繫，連在銀行取得貸款也有困難。對於當時四十二歲的我來說，世界遠比想像中殘酷。我也了解到，過去那段任職於國立精神病院這個圍籬之內的時光，相對而言，是多麼地讓人感到踏實。

但是，這並不意味著我後悔開了私人診所。如果當時我繼續待在國立精神病院，那麼看診的工作將會逐漸由後進的醫師們接手，然後我將會擔任管理職，負責督促後進同仁們，並且承擔更多與醫院經營有關的工作。但是，我並不想擔任管理職。因此，儘管在開業之初，我曾經感到十分驚慌，但是從結果來看，能夠如願地專注於看診的工作，也讓我感到很開心。每當我看到患者冒著颱風或大雪來找我看診，就會感到自己對他們而言，真的是很重要的人，所以也產生責任感而更加賣力工作，並且體會到「原來我是個不錯的治療者」，感受到身為醫師的更多價值。

上班族的夢想之一就是可以出其不意的提出辭職信，並說：「過去承蒙您的照顧，謝謝！」然後乾淨俐落地離開公司。但是為了維持生計，或是必須償還債務，或是需要養家活口，我們無法任意地辭職不幹。即便工作量過於繁重，也必須忍耐，不想做的事情也得使命必達，不想聽的聲音也必須洗耳恭聽。

「我真的再也無法去公司上班了。」

有位女患者說，因為上司老是找她麻煩，實在已經精疲力竭。她的部門主管整天都在看股票走勢圖，但是只要組員們稍微離開座位一下子，他就會大發雷霆。即便這位主管曾經說過某個提案不錯，可以推動看看，但是只要公司高層不買單，他就立刻把話風一轉，回過頭來訓斥提案的人。此外，這位主管還會臨時決定傍晚要部門聚餐，如果有人因為不得已的因素而缺席，那麼隔天他就會對這個人特別苛求。她對於總是做出不當指示的這位主管相當反感，連跟他對話都感到厭惡，於是盡可能地避免與他接觸，若是不得不跟他說話，就會擺個臭臉反駁他。所以，她反而經常被這位主管苛責。於是，不知何時開始，她變得在這位主管面前什麼話也說不出來，並且感到只會在背後說閒話的同事們也瞧不起她。她說如果再繼續去上班，說不定自己會發瘋。不過，當我靜靜地聽完她所說的話之後，這麼問她：

「如果妳去另一家公司上班，又遇到這樣的主管，那妳會怎麼做呢？」

雖然她回答說難道還會再發生這種事嗎？然而平心而論，她所列舉的主管的種種缺點，似乎是韓國大部分的老闆都會犯的錯。這意味著不只是她的主管經常表現出這些缺點而已，其他老闆骨子裡其實也沒有什麼不同。雖然我們都認為工作和生活應該取得平衡，但是韓國是以工作量龐大而聞名全球。我們周邊也經常可以看到一些為了在公司高層面前展現自己能耐以獲得晉升，但是又因為能力不足而只會壓迫自己底下職員的主管。而且沒有任何一個主管，會喜歡不參加公司聚餐的員工，只是不會像她主管一樣，那麼惡劣地表現出來而已。

如果她為了轉換跑道而去應徵別的工作，當面試官問她「為什麼辭掉前一份工作？」時，若她坦率地回答是主管過於權威，而且工作量分配過重的話，結果會如何呢？恐怕十之八九，她都會接到不錄取的通知吧！事實上，當面試官在遴選有經驗的應徵者時，通常會刷掉那些離職原因是對前公司或前同事不滿的人，因為這樣的人很有可能基於同樣的理由，而無法適應新公司。由於我們往往無法以客觀的數字舉出令人點頭信服的原因，所以最好不要在面試場合批評前公司。

當然她可能會覺得很委屈。遇到這種既沒有能力，只會下不合理的指示，又逃避責任的主管，該有多麼令人鬱悶呢？然而，越是如此，她越應該記住的是，即使她為了避開這樣的主管而離職，問題也沒有解決。因為不論她到任何地方去工作，都可能遇到這種類型的人，只是程度的差異而已，所以還不如趁此機會，學習如何與這種人共事。當然，也有可能離職之後，就遇到很不錯的人，可以工作得十分帶勁。但是，既然我們無法確信這種幸運的事肯定會發生，那麼，如果不是因為主管的因素，你並不想中斷現在的工作的話，你就不應該像是想要逃走似的，離開現在的公司。針對在公司碰到完全不想打交道的人時，究竟該如何因應，茲提供下列幾種方法參考。

1. 不要刻意樹敵

有些人如果不喜歡的話，就會很明顯地表現出來，彷彿希望對方察覺出來，然後因而心情變差或是大發脾氣。有些人甚至認為這是一種坦率和正直的行為。如果我們的目標是引發爭議，那麼表現出討厭的態度也無妨。然而如果我們並不想與人辯論，那麼最好盡可能保持禮貌。這並不是說面對討厭的人，我們還要投其所好。不論是任何人，當對方打斷自己的話，或者是在對話的過程中，總是擺著臭臉而沒有回應時，總會感到心情很差。所以，即使我們不喜歡對方，也不要過於明顯地表現出來。尤其是在彼此不得不互相競爭的工作場合中，實在沒有必要刻意樹敵。

2. 對事不對人

我們沒有必要花太多力氣去跟自己討厭的人變得親近，或是想辦法讓對方喜歡自己。這種不是出自真心的努力，只會讓彼此的關係更加尷尬。而且，也不要試圖改變我們討厭的人。**無論我們自認為有多麼正確，我們都無法任意地改變對方**，一旦試圖這麼做，只會讓彼此的關係更加惡化。此外，職場是大家為了工作而聚集的場所，並不是為了增進友誼。因此，無論喜歡與否，切莫忘記我們是因為工作才會跟對方共事的事實。如果必須跟自己討厭的人一起工作，即使心裡覺得很不舒服，也要就事論事，最好盡可能不要把情緒摻雜進來，除非我們打算把工作搞砸。假設我們就是討厭自己的直屬主管好了，不喜歡他這個人，跟我們應該克盡職責去做事，完全是兩回事。即使我們再怎麼不喜歡這個主管，身為部門成員之一，該做的事情還是要做好，對上司也應該維持基本的禮貌。

3. 白色謊言也是必要對策

有些人不論在任何情況下，都覺得誠實方為上策。他們也認為情緒應該坦率地表達出來會更好，但是，在工作場所之中，誠實絕對不是最佳選擇。特別是彼此的意見發生衝突時，如果過於直接地表達情緒，很容易造成矛盾加劇。此時，對於相對弱勢的一方而言，需要的正是一個白色謊言。例如，在我們已經與朋友有約，但是主管突然說要部門聚餐的情況下，跟主管說：「因為我要幫母親做壽，所以不得不缺席部門聚餐，很抱歉，下次一定不會發生這種事。」就是一種白色謊言。那麼，站在主管的立場來看，這的確是不得不接受的理由，所以我們就可以放心地離開，然後去赴朋友的約會。不過，如果我們老實地告訴主管說他不應該臨時決定聚餐，並且表示「我跟朋友有約，所以不能去。」的話，主管會感到抱歉並且取消聚餐嗎？這樣的事情永遠不會發生。相反地，如果我們這麼做，只會使情況更加惡化。雖然我們沒有理由要持續忍受那種討厭的人對自己的不公平待遇，但是，如果我們不打算跟對方斷絕關係，站在弱勢的一方，就必須更加積極地善用白色謊言。

努力想滿足你所認識的每個人是瘋狂之舉

我們應該自然而然地接受一個事實，那就是即便我們試圖滿足所有的人，還是可能有人會不喜歡我們。

每個人都希望被別人所愛，而且我們有多麼渴望被愛，就有多麼害怕被人憎恨。哪有人會存心顧人怨呢？然而，無論我多麼努力，都會有人不喜歡我。即使我們盡可能不犯任何錯誤，不眠不休地工作，總是承擔比其他人更多的責任，接受對方想要的所有請求，對方還是有可能會討厭我。這雖然很令人難過，但卻是不得不接受的事實。

她的情形也是一樣。她比任何人都早上班，然後工作至深夜，試圖完美地做好所有事情，並且從未拒絕過別人的請託。即便如此，她還是覺得自己有所欠缺而更加努力。然而，有一天她聽到一個自認交情不錯的同梯女同事，說了一段令她震驚不已的話。

「喂！如果不是妳，最受矚目的人就會是我，因為妳的緣故，所以我才會被漠視，我討厭妳。」

聽到這段話的瞬間，她回想起自己曾經因為這位女同事的請託，熬夜加班了好幾天，幫忙她完成報告的往事。而且，這位女同事還因為那份報告獲得績優員工獎，但是卻未曾好好地對她說過一次謝謝。隔天起，她就很怕去上班，因為她無法若無其事地去面對那個希望自己從公司消失的女同事。

我們在職場上打滾，總是希望努力工作能夠獲得等值的回報，然而光是為了得到這些報酬，我們真的必須忍受很多事情。特別是當人們無法爬到更高的職位，成為落後者的情況下，就會對別人揮舞著鋒利的劍以求生存。而且，不管我再怎麼努力，如果主管不喜歡我，考績就是會很差；無論我表現得再好，如果整個部門的績效欠佳，升遷終究還是無望，凡此種種，這些不合理的事情總是一再發生。如果不想在這種情況中倒下的話，那麼不論別人做了什麼，**都要懂得自我珍惜，並且能夠自我保護**，因為若非如此，職場上沒有任何人能夠維護我。

此外，**在這個世界上，沒有人能夠被所有人喜愛**。無論我長得多麼好看、多麼會做事，都會有人討厭我，這就是人生。美國前總統巴拉克．歐巴馬（Barack Obama）受到許多人的喜愛，但是光是在美國，就有超過百分之三十的人討厭他。朝鮮王朝時期的名將李舜臣，雖然是位有著捨身報國決心的將軍，但是當時也是遭人誣陷。如此看來，在認識的人當中，只要有百分之三十到百分之四十的人喜歡我們，真就的是令人感激的事。或許這樣反過來想想，可能會更容易理解。我們分明也都有那種平白無故地討厭某人，或是拒絕某人示愛的告白，或是某人想要親近我們時，就快速躲開的情形。而且，明明也有那種並不是對我們特別好，但是我們卻毫無理由地動心的人。如此看來，無關乎我們努力與否，就是有人會對我們漠不關心，或是看我們不順眼，這是再自然不過的事。即使明知如此，我們還是希望認識的每個人都愛自己，這不是貪得無厭嗎？

如果我們有此貪求，因而強迫自己去滿足所有認識的人，這代表著我們十分害怕被人討厭。但是，我們應該自然而然地接受一個事實，那就是即便我們試圖滿足所有的人，還是可能有人會不喜歡我們。唯有如此，我們才不會過於苛待自己。再也不要為了滿足別人而活，他們都是為了自己而活，所以我們也要依照自己的意願，活出自己的人生。

雖然不可能每個人都愛我們，但是如果遇到像上述那位總是口出惡言，又百般刁難的女同事，真的很難抱持平常心。不過，事實上這位女同事並沒有能力決定她的去留。如果她因為工作表現優異，而晉升到一個讓人望塵莫及的位置，到時候這位女同事就會對自己說過的話感到後悔。因此，即便我們遇到像這位女同事一樣的人，也不要被她幼稚的嫉妒和猜忌所操控，只要置之不理就好。雖然知道有人不喜歡自己，是件令人難過的事，但是我們必須接受這個事實。而且，**與其把時間和精力花費在不被人討厭，不如花在自己喜歡的人身上，這才是真正有價值的事情。**

chapter 7

在精神分析中學到的人際關係的智慧

儘管如此，我們仍然需要彼此的理由

這些令人討厭的人際關係累積起來，才變成了現在的我。由於家人和朋友們的關心，我才有辦法活到今天。

父親

小時候，父親曾經買過一塊土地，當時他一買下這塊土地，地價就上漲了三倍。但是原本應該很高興的父親，卻露出了憂慮的神情。因為如果我們稍微晚一點簽約，這筆土地增值的錢就會屬於前地主，所以父親對前地主感到很抱歉。「世界上哪有什麼不勞而獲的事。我不能讓別人流下血淚。」父親苦惱了三天之後，終於決定去找前地主，要求取消合約。儘管前地主說沒關係，父親還是解了約，然後將土地交還給他。當時，我無法理解父親這種固執不通和絲毫不懂得變通的做法。但是，父親這輩子總是對我說：「惠男呀！妳要成為一個助人者，而不是害人者。而且要正直地活下去。」如今，父親已經去世十多年，每當我想要點小聰明或是心存僥倖時，都會想起我父親，然後恢復正念。我從父親身上，學到了世界上沒有白吃的午餐，唯有堂堂正正地活著才是王道的處世態度。

母親

每當父親訓斥我說，一個女孩子家怎麼三更半夜還在外面趴趴走時，我都會氣咻咻地向母親抱怨父親。「媽，妳怎麼有辦法跟這樣的人住在一起？妳真的喜歡這麼固執不通的人嗎？」然後母親就會笑著說：「妳哪裡會懂？」母親夾在父親和我之間，經常要充當我們的和事佬，真是吃盡苦頭。不過我知道的是，雖然母親總是告誡我，不可以跟父親頂嘴，但是另一方面也會對父親說：「惠男自己會看著辦，你就別管她了。」回想起來，不論我做什麼，母親都不曾責罵過我，而且始終相信我，我從母親身上，學習到如何機智地解決衝突的方法，了解到如何傾聽，以及信任孩子是多麼重要的一件事。

丈夫

讓我同時體驗到天堂和地獄的人。跟我先生相處的過程中，讓我深切地領悟出一個道理，那就是**無論我再怎麼努力，都無法改變別人，我只能改變自己。**

兒子、女兒

雖然遺傳了我的基因，卻是與我不同的生命體。生了孩子之後，雖然我不得不放棄完美主義，也修改了自己的人生計劃，但是我並不曾後悔。我很高興孩子們來到我身邊，在生兒育女的過程中，我覺得很幸福，至少我成了不會讓孩子引以為恥的媽媽。而且，更令人感謝的是，孩子們告訴如此不足的我說，他們愛我。每逢此時，我都會激動不已。

韓國國立精神病院院長

韓國國立精神病院是我的第一個職場。當時的院長十分討厭我，在我任職期間，一再刁難我。他總是看我不順眼，百般侮辱我，並且脅迫我說不喜歡就離職。雖然我自認為是個聰明的人，但是面對這個掌控著自己人事權的院長，真的是相當無助，如果不是這個院長，我可能會盛氣凌人地惹出不少事端也說不定。幸虧托他的福，**我能夠儘早了解到自己的限制所在，並且懂得變得謙虛**。而且，我也學會如何忍受那些我討厭的人，並且領悟到那些愛我的人是多麼令人感激。

同期和前後輩

我的第一本書出版時，跟我同期的醫師們的反應是「書的封面很漂亮」「如果我當初也選擇去比較輕鬆的精神科，我也可以寫出一本書……」雖然我希望聽到祝賀的話，但是卻聽到這種冷言冷語，即便感到很遺憾，但是由於我自己曾經有過類似的感受，所以也就一笑置之，因為我知道，要衷心地向某人表達祝賀之意，是多麼困難的事。回想起來，不論我是領先或是落後這些同期或前後輩們，如果不是他們在我身邊，說不定我在某一瞬間就會停止成長。看到實力出眾的同事不停向前邁進的模樣，讓我為了不落人後而更加努力。所以他們全都成為我的正面刺激，偶爾還會基於同病相憐的心情，成為彼此的安慰。

患者們

三十多年來，我能夠堅守精神科醫師崗位，不曾離開的原因，正是多虧了這些來找我看診的患者們。雖然患者們感謝我治癒了他們，但是，說真的，因為有了這些患者，我才能感受到自己工作的樂趣和價值。而且也讓我希望為那些相信我的患者們竭盡所能。對我來說，患者們是我最好的興奮劑，託他們的福，我才能夠持續不斷地學習和向前邁進。

仔細想想，我出生的時候，根本微不足道。但是在父母親的疼愛下茁壯，遇到了許多朋友們一起長大，進入社會生活後，又遇到了許多人，才成就了現在的我。在這個過程中，有時也曾經受傷和傷人，有時也覺得很委屈，有時會討厭某人，有時會生氣，有時過於傷心而流淚，有時會因為受傷而無法做任何事。另一方面，有時也曾經像個孩子似的，開心地大聲歡呼，有時則像心臟快要炸開般的深受感動。

然而，直到我四十歲為止，我都很自豪能夠完成這整個過程，並且認為是因為自己做得很好，所以才成就了現在的我。我覺得即便這個虛偽的世界上沒有人幫忙我，我也可以獨自站起來。我誤以為只有別人需要我，而我壓根兒就不需要別人伸出援手。

因此，當我離開國立精神病院時，甚至還擔心「如果沒有我的話，這家醫院該如何營運下去？」在我決定離職之前，還負責訓練九名住院醫師（resident），因此我也很擔心這些年輕的住院醫師們若是沒有我的協助，是否能夠好好成長。但是後來想想，當我想離開國立精神病院這個穩定的職場，並且嘗試自行開業時，似乎對自己會變成獨自一人感到非常緊張。所以，我才會以「住院醫師們還需要我，我是否不該離開？」為由，一再推延開業時間。換句話說，我是在為自己找一個不離開也無妨的藉口。事實上，即便沒有我，住院醫師們也都可以表現得很好。

當我發現自己內心的依賴感，希望「如果有人在我身邊就好」時，感到十分震驚。直到當時為止，我都認為人生是靠自己的力量來開展，所以不明白為什麼如今我竟然會期待有人陪伴。但是，當我仔細回頭想想，其實始終有人在我身邊，只是我覺得都是別人有求於我，而且別人對我並沒有提供什麼幫助，所以認為他們一點用處也沒有，但是後來我才發現，收穫最多的人其實是我。

每當我疲憊不堪時，他們始終在身邊陪伴著我，即便我像個沒出息的人一樣跌了一跤，他們還是用愛擁抱著我。因此，他們也成為我的典範，讓我感到「希望變成像這個人一樣」「應該效法這個人來行動」。而且，從另一個角度來想，曾經傷害過我的人，也是值得感激的人；因為我不希望活得像他們一樣，有時想要對他們報仇的心，也鞭策著我向前邁進。如果沒有他們，我可能在某一瞬間，就會認為「這樣就差不多了吧」，然後變得懶散或是妥協，因而中途放棄也不得而知。

為了向父親證明我是對的而活下來的許多點點滴滴；雖然埋怨我先生，但是為了守護心愛的孩子們而變得堅強的許多瞬間；遭受國立精神病院的院長侮辱而堅持下來的時刻……最後，我憑藉著別人的愛與信任而成長，承受著別人的嫉妒、羨慕或侮辱而變得強大。他們讓我體會到世態炎涼，也了解到倘若有勇氣承擔風險，這個世界其實是相當有趣及令人振奮。而且，這整個過程將是一段探索未知的自我的時間。曾經有些人問我：「要試看看嗎？」「要吃看看嗎？」「要去看看嗎？」然後，我相信了他們的話，去試一次、吃一次，也去一次看看。當我累積了無數的新體驗之後，也就更了解自己擅長什麼、不會做什麼、喜歡什麼、討厭什麼。最後，在這六十餘年的人生過程，藉由與無數人的關係之中，成就了現在的我。

隨著帕金森氏症的病程日益進展，我的依賴性不可避免地增長，心靈也變得越來越脆弱，覺得很難再堅持下去。但是，當我環顧周圍的人們之後，又撐到如今。去年我曾經和高中同學一起去了一趟濟州島。旅程之中，我突然變得全身僵硬，所以連準備食物都幫不上忙，也不能洗碗，無法拿湯匙，所以不得不接受朋友的餵食。當時我覺得自己好像成了廢物一般，非常討厭自己。但是，有位朋友注意到我沮喪的表情，並對我說：「惠男呀！妳只要這樣待著就很棒了。」一面對這些接納一無是處的我的朋友們，我不禁痛哭失聲。一直以來，時常獨自面對遭受身心痛楚而壓抑的情緒，突然爆發出來。哭了半晌之後，我覺得心裡舒坦多了。雖然身體的狀況並沒有任何改善，但是我的心情真的放鬆許多，似乎也獲得足以忍受任何痛苦的勇氣。擁有這些好朋友圍繞在身旁，我還有什麼做不到的呢？

有些時候，我會對周遭的人們感到厭煩。每次遇到那種明明不曾幫過我，卻老是期待我伸出援手的人，我就會發火。當我們看到那些自私自利的人時，可能會對人際關係本身感到厭倦。但是，這些令人討厭的人際關係累積起來，才變成了現在的我。由於家人和朋友們的關心，我才有辦法活到今天。我希望你身邊也擁有在覺得疲憊時，可以默默地借出肩膀讓你倚靠的人。如果有這樣的人，那麼，你不就也能夠像我這樣，產生活下去的勇氣嗎？偶爾向某人撒撒嬌又何妨？反正，人生就是互相依靠才能生存下去。也許對方正在期待你對他撒嬌，而不是說你沒事也不得而知。因為世界上沒有任何事情，比聽到某人說「我需要你」更令人開心了。

偶爾也要積極的獨處

當我們真正獨處時，有些人就是會突然浮現眼前，讓我們會回想過去相遇時的種種，然後藉由好好地整理一下過往經歷的過程，思考自己與對方之間的關係。

法國作家弗朗索瓦·德·拉羅什福柯（Francois de La Rochefoucault）曾說：「以為自己了不起而無須求人是愚蠢的；而以為別人離不開他，沒有他就不行的人，就更是錯上加錯了。」但是在我得到帕金森氏症之前，卻很愚蠢地認為，每天跟很多人見面真是令人厭倦，真希望能去無人島待個幾天，自己獨處一下。而且，我必須承認，我曾經誤以為世界如果沒有我將無法運轉，相信家裡、醫院和患者們如果沒有我，都無法好好地活下去。

當然，我也很感謝周圍的親朋好友陪伴在我身邊。不過，那只是短暫閃過的念頭，每天為了生活而忙碌的我，未曾好好地對他們致上謝意。更正確地來說，只有在緊急的時刻，我才懂得感謝，對於他們平日的陪伴，我總視為理所當然。有一回，女兒對我說：「媽，妳不要只是傾聽病患的心聲，也聽聽我想說的話，不行嗎？」我則用厭煩的口吻回答她說：「我現在很忙，妳不能下次再說嗎？」

然而，二〇一四年初，隨著病情日益惡化而不得不關掉醫院後，來拜訪或是與我聯絡的人開始減少。起初我因為身體太過疼痛，甚至沒有意識到這一點。但是隨著疼痛減輕，我回過神來才發現，原本那麼多的好朋友竟都不知去向，周遭是如此悄無一人。此外，世界上即便沒有我，也依然順利運轉。此時，我才重新看到那些總是守候著我的人。我事後才明白，那些能夠握住雙手，感受彼此體溫地打打招呼，凝視著對方問候彼此近來可好，天南地北地聊著天，了解彼此想法的時刻，是多麼值得珍惜。

然後，對於那些過去我總是以漫不經心或流於形式的態度來對待的人們，充滿了抱歉。雖然其中有些人僅止於擦肩而過的緣分，不過也有些應該好好把握的因緣，然而我卻以忙碌為由，錯過了它。

最近，每當有人來找我，或是跟我聯繫的話，我都會非常感恩。無論是跟家人和朋友們聚會，甚至是與之前讓我感到疲憊的人碰面，都開始變得有趣。患者透過電子郵件問候我：「金醫師，妳過得好嗎？」我妹妹發簡訊問我：「姐，今天妳的身體覺得如何？」我先生則是打電話來告訴我：「老婆，我今天有個約會，可能會晚一點回家。」我朋友發簡訊問我：「惠男啊！這個週末可以去家裡找妳嗎？」我兒子發簡訊給我說：「不是有媽媽嘛！」每一個問候，都讓我感到彌足珍貴。因為有人還記得我，會想來找我的事實，讓我感到自己的人生沒有白活，體會到自己還算是個不錯的人，而覺得心滿意足。因此，與別人見面，變得非常有趣。每當跟他們碰面，我都會開心得咯咯大笑，忘了時間的流逝。如果我不是跟這麼多人分開，獨自一人在家養病的話，能夠感受到這種快樂嗎？

當無法忍受的痛苦席捲而來時，我會痛到動也不能動。然而，當我安然地忍受過這種痛苦之後，隨之而來就是一段稍微不再那麼痛苦的時刻。那些時刻對我來說非常珍貴。現在，我很享受著等待深夜才能回到家的先生，以及為了在公司累積經驗，忙得不可開交的兒子。當然，在等待他們的過程中，我也做了一些自己要做的事情。我會吃藥、吃美味的食物、看電影、種種花草、喝研磨咖啡、用智慧型手機畫圖，打電話給跟我先生一起去鄉下做事的女兒。當我身體狀況更好的時候，我會邀請高中時代的朋友來家裡玩，或是一起去旅行。上次當我和朋友們一起去濟州島旅行時，我們彼此裸裎相見，泡在按摩浴缸裡，開開心心地聊天。洗完澡後，還放著優雅的音樂，營造浪漫的氣氛，甚至翩翩起舞。有趣的是，自從我開始享受獨處的時光以來，與人共度的時光反而變得更加幸福。

雖然我因為罹患帕金森氏症，而不得不放棄醫生的工作，但是因此而擁有獨處的時間，也因此又找回了周圍的人。我這才意識到周圍人的重要性，並且心存感激之情，同時也開始有更多的時間與他們相處。所以獨處的時間是十分重要的。我經常會忘記他人的重要性，然而，當我與他人分開並且孤身一人時，很神奇地，就會開始想念對方。我想念起讓我疲憊不堪的母親的嘮叨，想念為了芝麻綠豆大的小事吵架而不相往來的弟弟，也突然想見鮮少聯絡的朋友。雖然當我們被繁雜的人事纏身時，會認為若能獨自一人，絕對不會想見任何人，但是當我們真正獨處時，有些人就是會突然浮現眼前，讓我們會回想過去相遇時的種種，然後藉由好好地整理一下過往經歷的過程，思考自己與對方之間的關係。

我認識的某個人，曾經去紐約接受為期一個月的教育訓練，但是他要出發前，突然覺得沒有任何樂趣。他跟妻子明明在搭機前都還在吵架，但是當他離開家之後，卻十分想念妻子，以及那個曾經吵得讓他整夜無法入睡的孩子。

因此，如果你曾經因為人的因素受到傷害，日復一日都過得很疲累的話；如果你認為世界上最可怕的事情就是人的話；如果你覺得真的已經精疲力竭的話；那麼就試著獨自待一會兒。在獨處的時候，無論做什麼事都沒關係。如果你想睡就睡，想玩就玩，想吃就吃，試著過過這樣的日子。

在那之後，如果有人浮現腦海，就任由這個思緒飄走。你可以有些幼稚的想法，也可以埋怨別人，也可以罵人罵到心裡覺得爽快為止。先不要下結論，就這麼度過自己獨處的時間，對於浮現的情緒，就自然而然地不去理會。對於這樣的你，我想讓你讀一下韓國詩人李文宰的〈玩笑〉這首詩。

突然遇見美麗的事物時，
如果有個人會讓你想到，
若是有他在身邊該有多好，
就代表你正愛著他。
在幽靜的風景，
或是美味的食物面前，
卻沒想到半個人，
就代表那個人真的很堅強，
或者真的很孤單。
為了讓鐘聲傳得更遠，
鐘得承受更強烈的痛。

我不想留下墓誌銘的理由

所謂的歷史，不就是在時間的流逝之中，有著無數的生命形態，也有著無數的墓誌銘記載著他們的生平，所以其實不差我一個。

四十二年前，當我十八歲的時候，我第一次面臨了死亡。我的二姐在一次意外的交通事故中離開了這個世界，由於無法擺脫這個衝擊，我曾經徬徨許久。然而，歲月掩蓋了一切，讓記憶也變得模糊。如今，鮮少有人會再談及我二姐。不，現在連記得二姐曾經存在於這個世界的人也所剩無幾。二姐的死亡曾經震撼了我的一生，然而，當時感受到的那種難以承受的悲傷，如今也像懷舊的黑白電影一般，只是存放在積滿塵埃的記憶倉庫裡保管。

我記憶中的二姐，是個對人生有許多苦惱的青春期少女，她跟我約定好，要成為一個對社會有用的人，是個充滿抱負與夢想的女孩。然而，二姐離開人世之後，我獨自走過了四十多年，成了老奶奶，然後翻開記憶留下的扉頁。也許連我也死掉之後，那些記得我二姐的人們，還有她曾經存在的事實，也都會灰飛煙滅。我也不會例外。所謂「我」的這個人，只存在於記得我的人們的生涯之中，其分量就如同我與他們共處的時間一樣多。之後，我也會消失得無影無蹤。

但是，這並不會造成什麼問題。所謂的歷史，不就是在時間的流逝之中，有著無數的生命形態，也有著無數的墓誌銘記載著他們的生平，所以其實不差我一個。反正，如果留下墓碑的話，將來只會成為難以處置的垃圾而已。不過，這並不意味著我認為人生就是一場空，或是生命毫無意義可言。相反地，我想說的是，目前我所擁有的人際關係的重量，正是衡量我生命重量的標準。

當我們離開人世的時候，帶走的唯有記憶而已。在生命的盡頭，留下的不是榮耀、金錢或名譽，而是過去我們與自己所珍愛的人共度的回憶，將如走馬燈般的浮現眼前。只有我們所珍藏的記憶匣子，會告訴我們自己這一生究竟過得如何。那麼，此時我的外貌將被記錄在那些認識我的人的心目之中，未來，當他們想起我的時候，腦海中浮現的形貌，就會成為我。即使我不另外留下墓誌銘，我也已經把墓誌銘留在我所認識的人身上。所以，自然就沒有理由非要留下墓誌銘不可。不過，當最後一個記得我的人停止呼吸的那一刻，我這輩子的生命樂章，也將完全落幕。

艾琳娜是一個漂亮可愛的六歲女孩，住在美國俄亥俄州的辛辛那提。她最大的願望是成為一名母親，其次是想當一名老師。她很喜歡畫畫和去圖書館看書。二〇〇六年十一月，在她生日前幾天，醫師判定艾琳娜得了罕見的小兒腦腫瘤，而且只剩下兩百天的生命。她的父母親——德塞里奇夫婦傷心欲絕，但是艾琳娜在病痛之中，卻總是十分堅強。

最後，艾琳娜終究還是不敵病魔而早逝。然而，某一天，深陷悲傷之中的德塞里奇夫婦發現了一張令人難以置信的紙條。艾琳娜離開人世之前九個月裡，偷偷地在家裡藏了數百張的紙條，包括書包、抽屜、書架、茶和相簿等，以便讓家人在她離開他們之後，可以找到這些紙條。「爸爸媽媽，我愛你們。」「葛麗絲，笑一個！要聽老師的話。」而且，她彷彿擠出最後的一絲力氣，用著歪歪斜斜的字體，寫下「對不起，我病了」的紙條。

德塞里奇夫婦不忍心告訴年幼的艾琳娜，他們正在等待死亡。但是，隨著癌症病程的發展，艾琳娜失去了聲音，右手也變得難以移動，所以她感覺到自己的死期不遠，因此擔心活著的家人會很傷心，於是留下了無數張紙條，寫下她想對他們說的話。

六歲就離開人世的艾琳娜，在病痛之中仍然心繫家人，為他們留下了愛的紙條當作禮物。我們為了心愛的家人和朋友，留下什麼記憶了嗎？法國畫家兼詩人瑪麗．羅蘭珊（Marie Laurencin）在她的詩作〈可悲的女人〉中寫道，比死掉的女人更可憐的女人，就是被遺忘的女人。這大概是指雖然活著，但是卻被遺忘的女人。也就是說，任何人都不記得的人，就是對任何人都不重要的人，而且也無法與任何人建立具有意義的關係的人。所以，我十分苦惱著此刻該如何活下去，因為我活著的每一個形貌，都將逐一地刻畫在我所愛的人的記憶之中，最後將形成了我。而且，我希望自己在他們的腦海中，是一個不錯的人，也希望聽到他們說，很開心曾經與我相識一場。

【延伸閱讀　精神科專科醫生金惠男作品】

新版封面設計中

《30歲前一定要搞懂得自己》

30 歲前與自己面對面，30 歲後就能為自己做對的決定！
突破紀錄　影響 80 萬人身心健康的書！

1. 長踞誠品、博客來心靈養生暢銷排行榜
2. 國會議員閱讀率 第一高！
3. 媒體爭相報導　第一讚美推薦！

朝鮮日報：那些雖寂寞、卻因害怕受傷而裝酷的年輕人必讀之書。
MBC 新聞：可以幫助 30 世代，讓他們對生活及工作、愛情、人際關係更有自信。

作者金惠男說：30 世代是「第二青春期」，這時候的心靈容易受傷，
而且覺得自己像孤島一樣。我想幫助他們。

一個幸福的成年人應該具備的基本能力是什麼？
工作徘徊在十字路口時，該如何做出正確選擇？
要如何愛得更熱烈，更誠摯？要如何面對變化無常的婚姻生活？
唯有真正了解自己，你才會有能力扭轉生命中的瓶頸，迎向未來更豐富的人生。

Creative 158

你和我之間（有隻兔子封面版）

找到遠不孤單，近不受傷，剛剛好的距離

填回函雙重禮
① 立即送購書優惠
② 抽獎小禮物

作者｜金惠男
譯者｜何汲
出版者｜大田出版有限公司
台北市一〇四四五中山北路二段二十六巷二號二樓
E-mail｜titan@morningstar.com.tw http：//www.titan3.com.tw
編輯部專線｜（02）2562-1383 傳真：（02）2581-8761
【如果您對本書或本出版公司有任何意見，歡迎來電】
總編輯｜莊培園
副總編輯｜蔡鳳儀
行銷編輯｜陳映璇／黃凱玉
行政編輯｜林珈羽
校對｜金文蕙／何汲／黃薇霓
內頁美術｜王瓊瑤
初刷｜二〇二一年四月十二日 定價：三八〇元
總經銷｜知己圖書股份有限公司
台北｜一〇六台北市大安區辛亥路一段三十號九樓
TEL：02-23672044／23672047 FAX：02-23635741
台中｜四〇七台中市西屯區工業三十路一號一樓
TEL：04-23595819 FAX：04-23595493
E-mail｜service@morningstar.com.tw
網路書店｜http://www.morningstar.com.tw
讀者專線｜04-23595819＃230
郵政劃撥｜15060393（知己圖書股份有限公司）
印刷｜上好印刷股份有限公司
國際書碼｜978-986-179-623-9 CIP：177.3/110000877

國家圖書館出版品預行編目資料

你和我之間／金惠男著；何汲譯. ——有隻兔子封面版——臺北市：大田, 民110.04
面； 公分. --（Creative ; 158）

ISBN 978-986-179-623-9（平裝）
177.3　　110000877